AF509673

Nouvelle Série — N° 10.

263

24 Janvier 1920

LA PETITE ILLUSTRATION

THÉATRALE

REVUE LITTÉRAIRE PUBLIANT LES PIÉCES NOUVELLES
JOUÉES DANS LES THÉATRES DE PARIS

Copyright by Pierre Frondaie, 1920.
Tous droits de reproduction, de traduction, d'adaptation et de représentation réservés pour tous pays.

La Petite Illustration Théâtrale paraît trimestriellement et publie des numéros spéciaux
chaque fois que l'exige l'actualité dramatique.

Aucun numéro de LA PETITE ILLUSTRATION ne doit être vendu sans le numéro de L'ILLUSTRATION portant la même date.

ABONNEMENT ANNUEL

(L'Illustration et La Petite Illustration réunies)

...ce et Colonies . . . 80 francs   Etranger. . . . . 100 francs

13, rue SAINT-GEORGES, PARIS (9e).

LA FLEUR DE FRANCE
la dernière création
d'ORSAY,
à PARIS.

LA MAISON CERNÉE

PIÈCE EN QUATRE ACTES

par

PIERRE FRONDAIE

A MICHELLE

Je ne peux pas ne pas vous dédier ce drame, Michelle. Vous avez possédé, dans ses quatre actes, la perfection de la sensibilité, et celle de la grâce, et celle du pathétisme intérieur. Vous avez toujours été vraie. Votre lady Ward est une très noble dame. Et jamais il n'y eut plus de grandeur sur plus de fragilité.

Hélas ! vous ne pouvez profiter de votre triomphe. La maladie remporte sa victoire passagère. Le verre de Venise, où s'emprisonne le ciel est, de tous, le plus délicat. Vous guérirez. Plus que pour vous-même, je le souhaite pour les écrivains qui portent en eux des héroïnes.

Votre départ du théâtre fut un coup rude pour mon drame. L'étoile ne brillait plus sur la Maison Cernée. Qu'importe : je reste votre obligé, quand même vous n'auriez joué qu'un soir, quand même vous n'auriez qu'une fois, vers la fin du troisième acte, tendu vers le public votre visage bouleversé.

PIERRE FRONDAIE.

25 décembre 1919.

Mme Michelle, dans le rôle de lady Ward.

La Maison cernée a été représentée pour la première fois, le 11 décembre 1919, au Théâtre Sarah-Bernhardt.

PERSONNAGES

Mary Ward, 26 ans .... Mmes MICHELLE.
Fanny Marwell, 30 ans .... CÉZANNE.
Aïma, jeune femme arabe .... M. THOMAS.

Colonel Ward, 50 ans .... MM. LOUIS GAUTHIER.
Jeff Gordon, 27 ans .... YONNEL.
Lieutenant Harry. même âge .... P. ESCOFFIER.
Major Dawis, 50 ans .... DECŒUR.
Ferger, journaliste français .... BAISSAC.

Lixin, Russell, Rurivo, officiers anglais d'âges et de grades différents

Trois soldats anglais.

Le premier acte à Alexandrie. — Les 2e et 3e, à Bir-el-Seba.
Le 4e, à Jérusalem.

Le colonel Ward.　　　Dawis.　　　　　　　　Harry.
Ward : « *Je vous le répète, un régiment de gentlemen est un club...* » Acte Ier, page 6).

L'arrivée de Jeff Gordon chez le colonel Ward et les présentations.

LA MAISON CERNÉE

ACTE PREMIER

LADY WARD

Une nuit à Alexandrie en 1917. Le hall-salon d'un palace hôtel ; dans le fond, une large baie qui ouvre sur la nuit sereine ; un jardin : les silhouettes immobiles des palmiers semblent montrer le ciel du doigt. Entre le jardin et le hall, une terrasse... Brillant éclairage.

Au lever du rideau, des officiers sont attablés et jouent le bridge; dans le fond, sur la terrasse, des invités parlent et circulent. Femmes, civils, officiers; le journaliste Ferger est près de miss Fanny Marwell. Musique, venue d'un autre coin de l'hôtel.

Miss Fanny. — C'est la première fois que vous venez à Alexandrie, monsieur Ferger?

Ferger, gaiement. — Non, madame. J'y suis venu déjà il y a environ quarante ans. J'en avais dix. Et j'ai failli être tué. C'est un charmant souvenir de jeunesse. A dix ans, on aime l'aventure et la guerre...

Miss Fanny. — Vous avez failli être tué?

Ferger. — Oui, miss Marwell, par un boulet anglais. En 1878, votre flotte eut à défendre l'Europe qu'on massacrait en détail, depuis quelques jours, à Alexandrie. J'étais alors un bon petit Parisien, un peu rageur. Et, vaguement, je regrettais que ces premiers canons entendus ne fussent pas de France.

Ma foi, je crois que j'avais tort. Canons de chez nous, ou canons britanniques, aujourd'hui, je les aime pareillement. Oui, miss Marwell, je suis bien content de ce qui se prépare ici. N'en doutez pas, derrière le général Allenby, vous entrerez à Jérusalem avec votre Croix-Rouge, — et bientôt. Tandis que moi, je reste ici, — ou, plutôt, je n'y reste même pas, puisque je retourne en France. Mon journal me réclame. Je suis correspondant de guerre pour la dernière fois et mon ultime interview militaire m'a été donnée, tout à l'heure, par le colonel Ward.

Ward, s'approchant. — Eh bien ! que faites-vous tous les deux? Chère miss Fanny, est-ce que vous flirtez avec notre ami français?

Miss Fanny, gaiement. — Non, pas encore. Nous allions commencer.

Ferger, se levant. — Monsieur le colonel, nous parlions de vous.

WARD. — De moi?

FERGER. — Je venais de prononcer votre nom et de dire: « Mon ultime interview m'a été donnée tout à l'heure par le colonel Ward. » Vous êtes arrivé. Mais vous ne m'empêcherez pas de continuer. J'allais continuer: « J'ai une grande admiration pour le colonel Ward. C'est une figure de soldat, un chef et un homme. Même dans l'armée britannique, qui est pourtant le plus beau club du monde, il n'y a pas un gentleman plus gentleman que le colonel Ward. »

MISS FANNY, aimable et vraie. — Et de plus un héros.

WARD, avec bonne grâce. — Monsieur Ferger, si j'avais l'honneur d'être votre colonel, je vous mettrais au garde à vous pour vous imposer le silence ; et vous, miss Marwell, je vous décorerais sur-le-champ pour que vous vous admiriez vous-même. Mais je ne suis pas votre colonel, alors je me contente de rougir un peu, comme quand j'étais à Oxford et qu'on me donnait le prix de croquet. — J'ai eu tort de m'approcher, mais j'ai eu raison de vous interrompre... (Il s'assoit.) Je ne vous ai pas tout dit, ce matin, pendant notre interview. Décidément, c'est après-demain que nous partons. En avant, monsieur Ferger. Nous allons traverser le Sinaï. Nous aurons très chaud et très soif. Mais, que voulez-vous, il faut bien souffrir un peu pour avoir en main, au moment de la paix, une branche des oliviers sacrés...

RUSSELL, à la table de jeu. — Petit schlem! Bravo. Voilà qui va, Runwo. Mes compliments.

LIXIN. — Mon petit Harry, nous perdons la manche.

RUSSELL, ravi. — Et vous avez contré. Deux cent cinquante de « bien joué ». Dieu est avec nous.

LIXIN. — C'est votre faute, Harry. Vous auriez dû rejouer atout.

RUSSELL, riant. — Heureusement que la Tamise est loin...

HARRY, gai. — Pour sûr, je courrais m'y jeter... Mais c'est vrai, j'ai mal joué.

RUSSELL. — On continue?

HARRY. — Oh ! non, plus moi. Mais peut-être mon beau-frère. (Il se lève et se dirige vers Ward.) Colonel, voulez-vous me faire l'honneur de me remplacer?

WARD, se levant. — S'il vous plaît, Harry, mais un tour seulement, car, après ceci, messieurs, si vous le permettez, nous aurons à causer...

Les officiers se sont levés.

RUSSELL. — A vos ordres, colonel.

WARD. — Non, tout à l'heure. (A miss Marwell.) Et vous, promettez de ne plus parler de moi.

MISS FANNY, gaiement. — Nous ne promettons rien du tout.

WARD, riant. — Alors, dites du mal !

FERGER. — Soit, colonel, mais alors par discipline.

WARD. — J'y compte... (Il s'éloigne.) Messieurs...

Il s'assoit à la table de jeu.

RUSSELL. — Vous êtes avec moi, colonel.

WARD, gravement. — C'est un grand honneur, capitaine Russell.

HARRY, très gaiement à miss Marwell. — Je me suis fait houspiller: simple lieutenant, voyez-vous, miss Marwell! Si mon beau-frère joue mal, ils n'oseront rien dire. Le prestige du grade!

FERGER. — Est-ce qu'il joue mal?

HARRY. — Oh! non, très bien... Comme dans la vie, ponctuel et calme, avec pourtant une pointe d'audace, trop, peut-être...? Mais voici les dames. Oh! que j'ai bien fait de quitter la table. Je me suis fait battre exprès, vous savez... et... limoger, comme vous dites... Ah ! c'est que, dans quelques jours, nous serons au désert... Alors... (Il remonte, joyeux, vers quelques dames.) Vous pensez...?

MISS FANNY, le suivant du regard. — Cher garçon! Celui-ci rit ce soir, demain il mourrait gravement. — Ah ! oui, monsieur Ferger, ce sont des hommes ! Le colonel Ward peut être fier de ses officiers. Pas une tache! — Je suis fière aussi d'être Anglaise, je vous l'assure...

FERGER. — Mais il y a de quoi, miss Marwell.

Les dames, dernières arrivées, et Harry se sont mis au piano. Ils jouent et chantent doucement un air à la mode de Londres. Le bridge des officiers continue.

MISS FANNY. — Oui, il y a de quoi. Je vous le dis nettement, parce que vous êtes, vous, Français. J'ai confiance double, vous comprenez... Tenez, je vous enverrai une carte postale de Jérusalem.

FERGER. — Excusez du peu !... Mais, miss Marwell, où donc est lady Ward ? Elle a disparu depuis le dîner. Ce soir, le colonel la délaisse un peu, et ce n'est pas son habitude.

MISS FANNY. — Oh ! non, il ne la délaisse pas. Tout à l'heure encore, avant la réception, ils étaient comme deux amoureux dans le jardin...

FERGER. — Comme deux amoureux?

MISS FANNY. — Mais oui. Cela vous étonne parce qu'il a cinquante ans, et elle vingt-six. Qu'importe. Le colonel aime lady Ward comme Roméo aimait Juliette. Soyez tranquille, elle n'a pas disparu, et, tenez, la voici avec le major Dawis, ce vieux puritain, et la femme du consul de France, les plus beaux cheveux blancs du Caire.

En effet, lady Ward apparaît vers le fond.

FERGER. — Lady Ward est ravissante, mais un peu triste, un peu froide... Non?

MISS FANNY. — Peut-être !... Je ne sais plus. Je la connais tellement. Nous fûmes élevées ensemble. Au contraire, comme son frère — et vous venez de le voir! — elle était très gaie...

FERGER. — Elle était...?

MISS FANNY. — Je pense qu'elle l'est encore ! Pourtant, jadis, elle était plus expansive, c'est vrai. Vous me le faites remarquer...

FERGER. — Elle a quelque chose d'une femme en deuil.

MISS FANNY, riant cette fois. — En deuil ? Vous exagérez. Elle a des diamants et une robe de couleur. Non, Mary est une femme calme, simplement. Mais elle est heureuse, irréprochable...

FERGER, avec beaucoup de respect. — De cela je suis sûr et je n'ai jamais dit le contraire.

S'approchent lady Ward, le major Dawis et une autre dame. Mary Ward est une femme distinguée et jolie, longue et mince, avec une grande harmonie féminine et, avant tout, du charme. Le major Dawis a cinquante ans. Il a l'air d'un Bismarck anglais. L'autre dame est âgée, avec élégance.

MARY WARD. — Monsieur Ferger, nous parlions de vous.

FERGER, debout. — C'est un grand honneur, madame.

DAWIS. — Je disais à lady Ward, monsieur Ferger, que je vous ai reconnu pendant le dîner. Nous avons fait un voyage ensemble, en Ecosse... Rappelez-vous, nous avons habité le même hôtel, à Edimbourg... pendant une semaine...

FERGER. — Oh! mais parfaitement!... Oui, oui, je me rappelle. Et je vous ai scandalisé, un soir que je lisais le *De Profundis* d'Oscar Wilde...

DAWIS, offusqué. — Je n'ai pas dit cela à Lady Ward.

FERGER, amusé. — Est-ce donc si mal?

DAWIS. — Peut-être pas. Mais je suis de race puritaine et je pardonne mal les scandales et je n'absous jamais les crimes.

FERGER, riant. — Je me rappelle bien, maintenant. Toujours le même, à ce que je vois?

DAWIS, enchanté de l'affirmer. — Toujours.

LADY WARD, souriant. — Le major Dawis est un vieil ami de mon père, monsieur Ferger. Je l'ai toujours connu sévère. Quand j'étais petite fille, cela m'effrayait...

FERGER. — Et aujourd'hui?

LADY WARD. — Aujourd'hui, non. Au contraire, cela me rassure.

FERGER. — Etes-vous sévère aussi, madame?

MARY WARD, même jeu. — Oh! non. Pas sévère ; cela ne sied pas aux femmes. Mais j'admets qu'on puisse l'être et même qu'il y ait quelque douceur dans la grande discipline morale.

LA DAME, qui est près d'elle. — Voilà qui est bien. J'approuve cela, monsieur Ferger.

FERGER. — Mais moi aussi, madame, moi aussi. (A Mary Ward.) Madame, on va vous donner une mauvaise opinion de moi...

MARY WARD, toujours avec beaucoup de bonne grâce. — Ne craignez rien. Je ne juge pas si vite. Et par grâce, monsieur, faites de même. Je ne suis, moi, ni puritaine ni rigoriste. J'aime vivre, mais je m'apprends, souvent, à être dure envers moi-même. C'est par faiblesse, peut-être...

DAWIS, gravement. — C'est par tradition, lady Ward. Et c'est bien ainsi qu'il faut rester. Ne vous défendez pas.

MARY WARD, riant légèrement. — Je ne me défends de rien, je vous assure.

Le colonel a fini de jouer ; on entend vaguement, à la table de jeu, le petit brouhaha habituel.

WARD, s'approchant de sa femme. — Mary, j'ai perdu. Ces messieurs, avec un sourire, ont assommé leur colonel.

LIXIN. — Vous n'aviez pas de cartes, vraiment.

WARD. — Vous connaissez le proverbe, Lixin : « Malheureux au jeu... »

Il prend le bras de sa femme, juvénile.

MARY WARD, avec une affectueuse gentillesse. — Alors j'ai bien fait de ne pas jouer : j'aurais beaucoup perdu, ayant un tel mari que vous.

FERGER, riant. — Mon colonel, lady Ward complimente à son tour. Allez-vous aussi la mettre au garde à vous.

WARD, gaiement, avec une menace. — Oh! vous, Français... (Il n'a pas dessaisi le bras de sa femme. Depuis quelques courts instants, Harry et les dames au piano se sont arrêtés de jouer et de chanter comme ils le faisaient en sourdine; les officiers ont fini de régler le jeu et quittent la table. Ward, continuant.) Les compliments de ma femme, ceux-là, je les accepte, ils prouvent sa bonté, rien de plus.

MISS FANNY, à Dawis. — Voilà de quoi vous réjouir, monsieur le major, après cinq années!

DAWIS. — Miss Marwell, il y a deux choses dont je me réjouirai toujours : l'une, c'est d'avoir tué, et de cette main, trois... trois ennemis devant Dixmude; l'autre, c'est d'avoir été le premier témoin au mariage de lady Ward.

MARY WARD, se récriant. — Mon Dieu, Dawis, ça n'a aucun rapport.

DAWIS, gravement, et avec un sourire. — Aucun? Mais si. Ce sont deux actions honorables.

WARD, riant. — Dawis, mon vieux major, vous êtes un joli excentrique. Tenez, rassemblez ces messieurs. J'ai quelque chose à leur demander. Et excusez-nous près des dames.

En effet, les groupes s'étaient formés au hasard des sympathies. Dawis va quérir les officiers; pendant ce temps,

MARY WARD, à son mari. — Nous vous dérangeons peut-être? Si c'est une question de service...?

WARD. — Non, non, pas de service ; je n'aurais eu garde de choisir ce salon. En deux mots : j'ai l'intention d'accueillir dans le régiment, en qualité de lieutenant, un jeune homme. Je veux soumettre le cas à ses futurs camarades, par courtoisie. Chez nous, vous le savez, c'est un peu comme dans un cercle. J'ai même, sans vous consulter, prié le récipiendaire de venir, ce soir. Je l'attends. Je vous le présenterai.

MARY WARD. — Très bien. Pendant que vous retiendrez vos officiers, je vais, moi, m'occuper des dames. Votre bras, Dawis.

Ainsi se fait : le colonel se groupe avec le cadre; les dames et deux ou trois smokings se réunissent ou circulent, lady Ward formant le centre attractif.

FERGER, à miss Marwell. — Ce qui m'étonne, ce que j'admire toujours, moi, Français, c'est la parfaite maîtrise sentimentale que vous avez, vous, Anglais. Dirait-on que ce colonel va, demain, quitter — et pour combien de temps et pour quel désert? — cette jeune épouse qu'il chérit, vous l'avez dit, comme Roméo. Et elle, cette dignité sans nerfs! Il faut s'incliner : c'est bien. Et vous croyez qu'elle aime son mari?

MISS FANNY. — Rien ne permet de dire qu'elle ne l'aime pas. Depuis le mariage jusqu'à la guerre, près de deux ans, ils ne se sont jamais quittés. Ils viennent de passer quelques mois ici. Le colonel Ward préparait son régiment. Je l'ai toujours vue, elle, comme ce soir, tendre épouse; un peu froide, voilà tout...

FERGER. — Froide, non... C'est autre chose? Elle a l'air, au contraire, d'une flamme... d'une flamme immobile.

WARD, devant ses officiers. — Messieurs, voici : nous partons demain en expédition dure. Qu'arrivera-t-il de nous dans ce désert ? C'est le secret des dieux. J'ai tenu à vous réunir en bons camarades, pour jouir une dernière fois de la vie commode. Nous nous aimons bien. Il n'y a ce soir entre nous qu'égalité et je vais vous demander un service. (Les officiers font un geste d'étonnement discret.) Oui, c'est d'accueillir parmi vous, à titre d'égal, un officier nouveau. C'est-à-dire un jeune homme auquel, selon mon droit, je veux remettre un brevet de sous-lieutenant. J'ai désiré vous consulter.

RUNWO. — Colonel, vous êtes notre chef et notre ami. Ce que vous faites est bien fait.

RUSSELL. — Nous sommes à vos ordres.

WARD. — Pas en ce moment.

DAWIS, sincère. — Mais si, toujours. Et, d'ailleurs, vous ne pouvez vouloir, dans notre régiment, qu'un homme digne de vous.

WARD, gravement. — Vous avez raison, Dawis.

DAWIS. — Alors...

WARD, avec une nuance de solennité. — Alors, je vous demande de boire, tout à l'heure, avec moi, et lui, une bouteille de pommery, en l'honneur de notre nouveau camarade, le sous-lieutenant Jeff Gordon.

Un temps. Les officiers se regardent.

DAWIS. — Jeff Gordon?

WARD. — Oui.

DAWIS. — Mais, colonel, Jeff Gordon est le fils de William Gordon?

WARD. — Oui.

DAWIS. — Mais, colonel, William Gordon est mort déshonoré.

WARD, avec un reproche dans la voix. — Il était de vos amis et des miens, Dawis.

DAWIS, froid. — Il est mort déshonoré, colonel.

WARD, après un temps. — ...Oui.

DAWIS, le regardant. — Alors?

WARD, avec calme. — Alors, si vous le voulez bien, Dawis, ne parlez pas tout de suite. Vous êtes major; nos camarades plus jeunes donneront leur avis. D'ailleurs, maintenant, ils connaissent le mien, le vôtre, et il y a égalité, je vous le répète. (Un temps.) Est-il utile, messieurs, de vous rappeler l'aventure?

RUSSELL. — Non, colonel, nous savons.

LIXIN. — William s'est tué, il y a six ans, après avoir entraîné une femme qui a disparu, elle-même, mystérieusement!

DAWIS, avec force. — William est mort déshonoré!

WARD. — Je vous en prie, Dawis! Je vous ai déjà répondu : oui. Et encore ce : oui... est trop affirmatif. Mais, qu'importe, il sied peut-être d'être dur. Oui, admettons ce dogme : le déshonneur de William Gordon, un de nos anciens camarades, un homme de cinquante ans. Mais je vous parle de... de son fils, que j'ai fait danser sur mes genoux, et qui, lui, n'a pas cinquante ans, mais vingt-sept; et qui, lui, n'a jamais été colonel, mais est employé au canal; et qui, lui, n'est pas déshonoré, puisqu'il travaille comme un esclave après s'être dépouillé de tout; et qui, lui, enfin, ne s'est pas tué, mais veut mourir en notre compagnie; et qui enfin n'est pas coupable, mais innocent!... J'ai une idée là-dessus, Dawis. On peut admettre un père déshonoré par la faute d'un fils : il n'avait qu'à bien l'élever. Mais un fils responsable de la faute d'un père, non. (Un temps.) Je dis non, Dawis.

HARRY, avec fougue. — Et je dis non, de même, colonel. Moi je suis prêt à boire une coupe avec Jeff Gordon et à marcher avec lui vers Jérusalem, puisque cela vous plaît, à vous, qui êtes mon frère, et mon chef.

LIXIN. — Bravo ! Et d'ailleurs nous ne saurions mieux penser que vous, colonel.

WARD. — Je vous remercie.

DAWIS, sans acrimonie. — Puis-je me permettre?

WARD. — Naturellement. Je vous l'ai dit: ici pas de galons. Opinions égales. — Et d'ailleurs, Dawis, vous savez quelle estime j'ai pour vous, vieil ami.

DAWIS, avec émotion. — Et moi quel respect pour vous, Ward! — Aussi je parle net. Je suis rigoriste. Tout à l'heure encore je le disais au civil français. Cela m'a réussi: pas une éraflure de conscience.

HARRY, rapide. — Mais nous sommes tous ainsi, j'imagine?

DAWIS, très calme. — Certes. Mais nos sensibilités sont différentes. Je tiens à la mienne. Jamais je n'admettrai que la tache d'un seul ne s'étende pas sur la famille. Le fils du roi hérite du roi. Et puis, pourquoi ce Jeff a-t-il attendu? Est-ce d'aujourd'hui que nous sommes en guerre? On peut servir dans le rang: c'est ainsi que j'ai débuté.

WARD. — Vous auriez raison Dawis; mais ce jeune homme n'a pas attendu. Il était des cent premiers mille. En novembre 14, il a reçu une balle dans le ventre.

HARRY, à Dawis. — Vous voyez bien!

DAWIS. — Je vous demande pardon, Ward. Pourquoi vous intéressez-vous tant à ce Jeff?

WARD, après une légère hésitation. — Je vous l'ai dit: j'ai connu son père...

DAWIS. — Ainsi l'opprobre devient la recommandation? Je m'obstine. William a mal fini, lui qui portait l'uniforme. Il doit être puni, même après sa mort. Pardonnez-moi, Ward: vous savez que je suis une brute. Mes jeunes camarades le disent parfois entre eux. Je le sais, cela m'est égal... (Il s'émeut.) Enfin, messieurs, rappelez-vous! William a quitté son régiment, son foyer... et par un scandale...

HARRY. — Vous revenez toujours au vieux, monsieur le major, il s'agit du jeune. Moi, mon père était invincible au whist, et je joue le bridge comme un fox-terrier. Alors? Tel père, tel fils? Ce n'est pas vrai. (On rit.)

WARD, pensif. — Il y aurait beaucoup à dire... Je me rappelle William lieutenant. C'était un beau cavalier, un brave garçon. Tout son crime peut-être fut d'avoir trop aimé... Et puis, il y eut l'opium et peut-être la fatalité. N'insistons pas. (Un grand temps, il les regarde.) J'ai connu l'enfant beaucoup... Aujourd'hui il est venu me trouver noblement. Je lui ai promis de l'accueillir. Je vous demande de m'approuver. (Les officiers se consultent. Dawis se tait.)

LIXIN. — Mon colonel, je crois vous exprimer l'avis de tous, sauf de notre brave camarade Dawis: Jeff Gordon est des nôtres.

WARD, en chef. — Je vous remercie. Il en sera digne. J'aurais pu l'accueillir de moi-même. J'ai tenu à avoir la majorité. Je vous le répète: un régiment de gentlemen est un club... Et vous, Dawis (Il lui frappe, avec amitié, sur l'épaule), consolez-vous: vous le verrez au feu.

DAWIS, s'inclinant. — J'y verrai aussi des gens irréprochables.

Mary Ward s'est approchée.

MARY WARD. — Fini, votre conseil de guerre?

WARD. — Fini.

FERGER, gaiement. — Alors on fusionne.

Ce qu'on fait.

DAWIS, à Mary Ward. — Madame, vous auriez dû être là, donner votre avis. Le mien n'était pas celui du colonel.

MARY WARD. — Alors je n'aurais pas été du vôtre, Dawis. Mon mari a toujours raison.

DAWIS. — Toujours?

MARY WARD. — Toujours!

UN DOMESTIQUE, annonçant. — Monsieur Jeff Gordon.

Mary Ward entend ce nom: une espèce de stupeur douloureuse passe sur son visage et l'éventail, échappé de sa main, tombe sur le sol comme une aile morte. Le major Dawis a vu l'éventail tomber, mais Mary, immobile, est devenue lointaine. Le major Dawis a tout le temps de se pencher et de rendre l'objet à la jeune femme.

DAWIS. — Votre éventail, madame.

MARY WARD, se ressaisissant. — Oh! merci, Dawis.

Dawis s'incline et s'éloigne. L'entrée de Jeff Gordon intéresse les officiers. Les autres invités le regardent peu. Jeff est un beau jeune homme, au visage de douceur mais d'énergie. Il est en smoking. Il s'avance vers le colonel avec maîtrise. Pourtant sa grande gêne est visible. Il est blême.

WARD. — Bonsoir, Jeff. Soyez le bienvenu, mon enfant. (Il lui serre la main.) Mary, souffrez que je vous présente M. Jeff Gordon, lieutenant depuis ce soir au régiment... Lady Ward. (Jeff s'incline très bas et ne dit mot. Mary Ward salue de la tête, silencieusement. Ward, avec inquiétude.) Vous avez quelque chose, Mary? Vous êtes pâle.

MARY WARD. — Non, rien. Un peu de fatigue...

WARD. — Oh! (Il prend avec douceur le bras de sa femme.) Excusez, Jeff.

Il la fait asseoir, justement près de miss Marwell.

MISS FANNY. — Vous êtes souffrante, chérie?

MARY WARD. — Non, non... (Elle tend la main à son mari, d'un geste affectueux.) Remplissez vos devoirs envers monsieur; ce n'est rien.

WARD, avec tendresse. — Je l'espère. (A Jeff.) C'est, voyez-vous, mon enfant, que lady Ward est ma grande joie... (Il change de ton.) Allons, venez. (Il le conduit vers les officiers.) Messieurs, votre camarade Jeff Gordon.

Saluts militaires.

HARRY, gaiement. — Nous avons le même grade! Topez là, Jeff. Nous serons généraux le même jour, si la guerre dure un peu... Colonel, je crois qu'on avait parlé de pommery...

Rires.

WARD. — Mais je crois bien. Occupez-vous-en, Harry. Donnez des ordres.

Harry s'éloigne joyeusement.

LIXIN, à Jeff. — Vous avez déjà été blessé, monsieur?

JEFF. — Deux fois, capitaine.

WARD. — Deux fois? Je croyais une. En Flandre?

JEFF. — Oui, je fus alors réformé et je vins en Egypte. Je fus blessé une seconde fois en février 15, quand Kress von Kressentein fit attaquer le canal. J'étais convalescent et civil; je pris cependant un fusil, vers Ismalia.

LIXIN. — Nous accueillons un vrai soldat.

WARD. — N'en doutez pas. Je vous laisse... lieutenant, vous présenter vous-même... (A Dawis qui n'a encore rien dit, à mi-voix et avec bonhomie.) Allons, mon brave Dawis, allons, soyez gentil.

DAWIS. — Attendez, colonel, cela viendra peut-être.

WARD, à sa femme. — A la bonne heure, Mary, vous voilà moins pâle. Vous m'avez presque fait peur. Voici minuit déjà. Demain quand finira le jour, je serai sur la mer.

MARY WARD. — J'y pense comme vous, Georges. Pourquoi ai-je été malade? J'aurais tant aimé continuer mon métier d'infirmière, comme Fanny.

WARD. — Vous vous êtes bien fatiguée, déjà, pendant deux ans... vous êtes fragile.

MARY WARD. — J'aurais pu aller jusqu'à Gaza. Je pense que la ville va être prise; ma place eût été là-bas...

WARD. — Je ne sais quels ordres recevra le régiment. Peut-être pourrez-vous m'y rejoindre? Mais n'y comptez pas. (Il la contemple.) Ce n'est rien d'être séparés quand on pense, Mary! Votre absence, pour moi, peuplera le désert. Je vous aime bien... (Avec amour.) Ma femme!

MARY WARD, avec bonté. — Mon ami! (Un temps. Sans intonation.) Pourquoi ne m'aviez-vous jamais parlé de ce jeune homme? Il y a longtemps que vous le connaissez?

WARD, lentement. — Oui. J'ai connu ses parents... Je l'ai vu très petit... et puis, pendant des années, je l'ai perdu des yeux... mais je crois que c'est un brave cœur.

MARY WARD, sans intonation. — Ce doit être un brave cœur, en effet...

Elle se lève.

WARD. — Oui, Mary, donnez-moi le bon exemple. Je m'attarde près de vous. Nous avons encore des hôtes pour une heure. Est-ce qu'on n'a pas quelque buffet préparé?

MARY WARD. — Si. Les domestiques le dressent dans le jardin. Je vais voir. (Avec gentillesse.) Venez avec moi.

WARD. — Non, Mary, allez seule. J'ai deux mots à dire à ce Jeff. (Il baise la main de sa femme, elle s'éloigne.) Lieutenant Jeff!

JEFF. — Colonel!

WARD, assis. — Eh bien! mon enfant, il faudra voir demain le tailleur du régiment. Cela presse.

JEFF. — Colonel, j'en parlais justement à ces messieurs. Le lieutenant Russell a, paraît-il, un uniforme neuf chez le tailleur. Nous sommes de même mesure. Il me le cédera.

WARD. — Bravo. Vous êtes content, Jeff?

JEFF. — Colonel, je vous dois toute la somme de contentement à laquelle je pouvais prétendre avant de me faire tuer.

WARD. — Eh! là! qu'est-ce que vous dites? Ce n'est pas indispensable! Il faut courir sa chance, voilà tout. Enfin, vous avez été accueilli comme je le voulais.

JEFF. — Mieux que je ne le mérite, colonel.

WARD. — Mieux que vous ne le méritez? Pourquoi? Vous êtes un gentleman, j'en suis certain... Enfant vous étiez charmant... Mais, dites-moi, vos blessures? Tout à fait remis?

JEFF. — Oui, colonel. Aucune objection. J'ai mon certificat.

WARD. — Parfait. C'est que ce sera dur. Vous verrez de belles choses.

JEFF. — Près de vous, colonel, j'en suis sûr...

WARD, le regarde une ou deux secondes, puis avec une espèce de gravité. — Vous avez, dans le visage, quelque chose de votre mère, qui était une noble femme... Vous avez bien fait de vous rappeler que vous me connaissiez... (Arrivent le major Dawis et Harry.) Allô? qu'est-ce que c'est, Dawis?

DAWIS. — Une communication importante, colonel. On télégraphie par S. F.

WARD. — Je vous remercie, Dawis. J'y vais. Accompagnez-moi.

Harry reste avec Jeff.

HARRY. — Il va falloir attendre pour le pommery, lieutenant Jeff, cher ami. J'avais tout préparé moi-même comme je faisais à Montmartre... il y a cent mille ans...

JEFF. — Il y a cent mille ans?

HARRY. — Oui, avant la guerre! Bref, je venais vous chercher... et voilà le major Dawis qui arrive avec son télégramme... Pas de chance...

JEFF, souriant. — Ce sera pour tout à l'heure.

HARRY, riant. — Je ne dis pas. Mais suivez mon raisonnement: tout à l'heure aussi on aurait bu du pommery. C'est donc, en tout cas, une bouteille en moins. Triste, je vous dis.

JEFF. — Vous aimez tant que ça le pommery?

HARRY. — J'aime tout ce qui rend la vie plus belle: le vin de Champagne, la musique des girls, le jeu de polo, l'art de la boxe, les lèvres d'une femme et la loyauté des amis! J'ai une heureuse nature.

Vous verrez dans le désert : je vous ferai rire près
d'une citerne percée? Vous ne riez pas, Jeff? Je vous
apprendrai.

JEFF. — Vous aurez peut-être un peu de mal.

HARRY. — Mais non, mais non, vous verrez...

*Pendant la scène précédente entre le colonel et Jeff, les
invités se sont dispersés peu à peu, de telle sorte qu'il
n'y a plus en scène que les deux jeunes officiers; on
aperçoit des groupes dans le fond. Entrent Mary Ward
et Fanny Marwell.*

MISS FANNY. — Je n'en reviens pas, Mary? Est-ce
bien vous qui me demandez cela ?

MARY WARD. — Oui, Fanny, c'est moi. Et au nom
de notre amitié d'enfance, je vous prie de le faire et
de n'avoir aucune mauvaise pensée. Mon mari pourrait entendre ce que je vais dire à ce jeune homme.
Mais mon frère n'est pas mon mari et je vous prie
de l'éloigner.

MISS FANNY. — Vous êtes mon amie, Mary. Je
vais vous obéir. *(Mary Ward sur place, Fanny Marwell
s'approche de Harry ; Harry, qui la voit venir, se rapproche
d'elle en même temps. Jeff ne fait pas un mouvement, si bien
qu'il se trouve naturellement placé le plus loin possible de Mary
Ward; Harry et Fanny Marwell sont entre eux. Miss Fanny,
au moment où Harry va l'aborder.)* Donnez-moi votre bras,
Harry, et venez avec moi jusqu'à la terrasse. J'ai
quelque chose à vous demander.

HARRY, *gaiement.* — A moi? Oh! quelle chance!

*Ils s'éloignent de compagnie. Jeff, une seconde, a comme
une douloureuse crispation du visage, puis il se domine
et ayant, de loin, salué respectueusement Mary Ward,
il se dirige vers la terrasse.*

MARY WARD, *l'arrêtant sans bouger de place.* — Jeff...

JEFF, *se retournant.* — Vous m'avez fait l'honneur de
m'appeler, madame?

Il est très pâle.

MARY WARD, *d'une voix un peu haletante.* — Oui,
Jeff... approchez-vous... venez plus près de moi... Pas
plus qu'autrefois, Jeff, votre présence — si brusque
— ne m'est une crainte... pas plus qu'autrefois...
Vous êtes un cœur loyal et je suis heureuse de vous
revoir... Vous êtes toujours pareil et vous avez
changé, Jeff... Mais avant tout, avant tout, je tenais
à vous dire ceci : « Je ne sais pas pourquoi vous êtes
venu ce soir... J'ignore dans quel but... Mais je vous
ai connu... Vous étiez un garçon fier, noble... Je n'ai,
quand je vous revois, aucune pensée qui ne soit con-
fiante... Il y a entre nous deux un grand passé que
je ne renie pas... et votre apparition m'émeut...
intensément. » — Voilà.

JEFF. — Madame, vous avez dit vrai, j'ai beaucoup changé. La douleur... imméritée est une usure
précoce. J'ai beaucoup changé! Et vous avez dit vrai
aussi : « Vous êtes toujours pareil »... Oui, toute la
vérité est là : beaucoup changé et toujours pareil!
Tellement pareil, que je n'aurais pas, ce soir — ce
soir où le colonel Ward vient de m'accueillir — le
droit de vous dire à quel point.

MARY WARD. — Ne le dites pas, Jeff, ne le dites
pas!... Il sied que nous puissions causer ensemble.
Approchez-vous encore. Je vous le permets de grand
cœur.

JEFF. — Ne craignez-vous pas qu'il paraisse
étrange... oh! comprenez bien que je parle pour vous...

MARY WARD. — Rien de ce que je fais ne paraît
étrange, Jeff. Il y a certaines dignités de femme qui
sont au-dessus des commentaires.

JEFF, *la regardant.* — Il est vrai que vous êtes toujours environnée de cette gloire si pure que vous

aviez autrefois! Ah! la jeune fille que vous étiez, je
l'ai revue, là, en entrant... *(Il s'émeut davantage.)* Mon
Dieu, je savais que je vous verrais et j'ai failli mourir d'être présenté à vous... présenté, moi... présenté
à tout ce que j'ai aimé, à tout ce que j'ai perdu...
à tout ce à quoi j'ai renoncé... *(Sa voix se casse.)* Mon
Dieu!

MARY WARD. — Croyez-vous, Jeff, que je n'aie
rien ressenti, non plus? Moi, aussi, Jeff, je vous ai
aimé... et je n'éprouve aucune gêne vraiment à le
redire, ni envers le colonel Ward, ni envers moi-
même... La pureté du passé répond de l'avenir... mais
j'éprouve de la gêne envers vous!... C'est à notre jeunesse que j'ai été infidèle.

JEFF. — Oh! Non! Non, ne dites pas cela! Non.
Vous avez bien fait : je ne vous méritais plus quand
j'y pense... Comme nous étions heureux! Tout! Nous
avions tout! Notre double printemps n'était qu'une
égalité de plus!... Et puis, la catastrophe est venue.
Je n'ai plus eu qu'un nom plus ruiné lui-même que le
foyer ruiné. Je suis tombé lourdement dans la boue...

MARY WARD. — Pas vous, Jeff...

JEFF. — Si, si, moi-même, moi-même! Le poids
d'un père qui tombe, cela entraîne un fils, croyez-
moi. Et, quand je vous l'ai écrit, vous m'avez
cru. Et vous avez bien fait! Ciel! si vous saviez par
où j'ai passé!... Ah! Mary, vous le seul bonheur du
temps où j'étais heureux, quelle consolation pour moi
de ne pas vous avoir entraînée...

MARY WARD, *sans bouger.* — Je vous aurais suivi,
Jeff...

JEFF. — Je le sais, je le sais, et c'est pourquoi,
surtout, c'est pourquoi, moi, je ne devais pas... je
ne devais pas...

Un grand temps.

MARY WARD. — Pourquoi êtes-vous revenu ce
soir ?

JEFF. — Je vais vous le dire, puisque vous me
faites l'honneur de me le demander. *(Il s'arrête un
moment, respire profondément comme pour apaiser le rythme
trop aigu de son cœur.)* Dieu sait, cependant, que je
n'avais rêvé d'aucune explication, d'aucune ! Je me
disais : « Je la reverrai — oh! une fois, une seule fois
— et puis je m'en irai mourir, le plus proprement et
le plus loin. » Déjà, j'ai essayé, je vous l'assure, mais
je ne vous avais pas revue... et sans doute cela m'a
été impossible... *(Elle l'écoute, intense, immobile.)* Enfin,
voici... J'avais terminé de mon mieux la tâche entre-
prise : les créanciers de mon père étaient payés ;
j'avais, comme d'autres, été sur les champs de car-
nage et je suis arrivé ici. Et je guérissais lentement
dans mon corps... et dans mon âme, — oui, il me
semble bien : dans mon âme aussi. A défaut de l'oubli,
j'avais l'apaisement. — Il y a un mois, je vous ai
vue, dans la rue Kos-er-Nil, au Caire, et un officier
a dit, en passant : « Voici la femme du colonel
Ward. » — Un petit cheval rapide vous emportait.
Je suis rentré chez moi et, pendant trois nuits, j'ai
agonisé. Alors, je me suis mis en quête. J'ai su que
vous aviez épousé l'homme très noble à qui vous
appartenez. J'ai su qu'il conduirait son régiment vers
Jérusalem et j'ai repensé que je l'avais bien connu
jadis. Le monde n'est pas grand. Et j'ai pensé
encore : « Voici la fin qu'il faut. Tu t'en iras parmi
les hommes du colonel Ward. Tu salueras une fois
sa femme, elle saura que tu n'étais pas tout à fait
indigne de cette dernière salutation et puis tu t'achè-
veras comme un Anglais convenable, un jour de feu. »
C'est tout. Vous m'excuserez d'avoir expliqué lon-

guement ce qui est simple, mais ce fut pour vous obéir. A mon tour, je vous dis: Voilà!

MARY WARD, très pâle. — La femme du colonel Ward. Cet officier qui passait a bien dit et pas autre chose désormais. Nous le savons si bien, l'un et l'autre, que nous nous regardons avec la sérénité des morts. Je ne vois plus rien possible entre nous.

JEFF. — Je n'ai jamais dit, jamais pensé que quelque chose fût possible. J'ai même articulé, je crois, tout le contraire, exactement... Vous seule avez reparlé d'autrefois, vous seule avez évoqué l'espoir. Mais nous le regardons comme une belle image et nous ne sommes plus des enfants...

Il a les yeux derrière les larmes.

MARY WARD, pareille à lui. — Jeff!... Jeff, je suis bien heureuse de vous revoir... je vous ai bien aimé. Il faut continuer à vivre noblement, mais il ne faut pas mourir — ou seulement, ou seulement si c'est le devoir! — Vous partez demain, je reste ici. Que Dieu vous garde, Jeff. De toute mon âme, je le lui demande.

JEFF, avec une violence secrète. — Vous avez peut-être tort de le lui demander.

MARY WARD. — Et pourtant, Jeff, j'insisterai!

JEFF. — Mais pourquoi? — Voyons, Mary, puisque nous voici en face l'un de l'autre — sans l'avoir voulu, mais volontairement, tout de même, car, n'est-ce pas, si l'oubli était venu, nous ne nous serions pas même regardés? — puisque nous n'avons pas cessé de nous aimer; puisque cela rayonne de nous, malgré la rigidité que la conscience du devoir impose à nos attitudes; puisque, devant moi, vous avez des larmes au bord des cils; et puisque ces larmes me causent, à moi, une exaltation si profonde, pourquoi voulez-vous que je vive?

MARY WARD. — A cause de cela, Jeff.

JEFF. — A cause de cela!... Mais cela... cela... savez-vous ce que c'est que cela? C'est le regret, tout simplement, c'est la douleur... c'est la jalousie que j'ai de moi-même à un autre moment de ma vie. Ah! tenez, Mary, j'ai eu tort, j'ai eu grand tort de vous braver et de revenir vous voir en face! Je n'aurais pas dû. Je suis dépouillé de ma force. Le renoncement, oui, nous l'avons. Oui, nous sommes d'honnêtes gens. Mais je souffre abominablement. Vous êtes la femme du colonel Ward; je suis le lieutenant Jeff Gordon qui, depuis ce soir, doit compte de sa vie au colonel Ward et vous me dites qu'il faut que je continue à vivre! Est-ce que c'est possible? Je suis venu pour le contraire, exactement. Et vous serez bien cruelle, je vous l'assure, si, cette prière dont vous me menacez, vous lui donnez quelque crédit! Je serai si bien quand je serai mort, Mary, je serai si bien!

MARY WARD. — Et moi, Jeff, et moi? J'ai un devoir plus humble que le vôtre, mais je l'accomplis sans faiblesse. Est-ce pour me décourager que vous êtes revenu?

JEFF. — Non, non, je ne voulais pas vous parler. C'est vous qui avez crié mon nom! Mon Dieu, je n'aurais pas fait un geste pour vous répondre si j'avais connu ma faiblesse.

MARY WARD, soudain haletante. — Jeff, on vient; Jeff, voici du monde... Ne dites pas un mot, ne faites pas un geste. Écoutez-moi: je ne vous retrouve pas, car, pour vous retrouver, il faudrait vous avoir perdu et vous m'avez toujours été présent. Je vous ai aimé, je vous aime et je vous aimerai toujours... Et maintenant, adieu.

JEFF. — Adieu...

Elle lui tend lentement une main qu'il saisit; d'elle-même, avec une tendresse infinie, elle porte cette main aux lèvres de Jeff qui a comme un bref sanglot; il se relève, la salue et s'éloigne. Elle demeure immobile et bouleversée.

MARY WARD, à elle-même, comme si tout le passé était penché vers elle. — Jeff!... Une belle image, et nous ne sommes plus des enfants...

Elle sèche ses yeux. Entre le major Dawis.

DAWIS. — Comment, monsieur, vous êtes là? Mais alors, c'est sans vous qu'on va boire à votre honneur? Votre colonel est revenu et vous attend.

MARY WARD, impassible. — Je vous ai trop long-temps retenu, monsieur. Au revoir, et bonne chance.

Elle lui tend la main; il s'incline respectueusement et se dispose à sortir.

DAWIS. — Vos camarades sont réunis dans le jardin.

Jeff sort après un dernier salut. Un temps.

MARY WARD. — Eh bien, Dawis, vous n'y allez pas?

DAWIS. — Non, lady Ward, je n'y vais pas. Je suis hostile, moi, au lieutenant Gordon.

MARY WARD. — Et pourquoi hostile?

DAWIS. — Le déshonneur du père me gâte le fils. Est-ce que vous ne connaissez pas l'histoire?

MARY WARD. — Je ne sais si je la connais. En quoi cela importe-t-il? Mon mari n'a-t-il pas jugé?

DAWIS. — Ward est trop indulgent. Vous ou moi nous le serions moins. Rappelez-vous que pour une femme...

MARY WARD, comme à elle-même. — Pour une femme.

DAWIS. — Oui, c'est par trop de passion que le père s'est dégradé...

MARY WARD, qui s'était assise, se relève brusquement. — Donnez-moi votre bras, Dawis...

DAWIS. — Où allez-vous?

MARY WARD. — Boire, à votre place, une coupe en l'honneur de ce lieutenant. Je viens justement d'y penser: m'abstenir serait un affront.

DAWIS. — Un affront? A qui?

MARY WARD. — Au lieutenant Jeff Gordon, d'abord. A mon mari, ensuite.

DAWIS. — Je suis à vos ordres. Mais vous m'étonnez, lady Ward. Vraiment, aucun crime n'est excusable, quand ce serait un crime d'amour... Que s'est-il donc passé en vous depuis tout à l'heure?

MARY WARD. — Il ne s'est rien passé de nouveau, je vous l'assure... Mais, hâtons-nous, je vous en prie... nous avons déjà trop tardé...

DAWIS. — Je suis à vos ordres...

MARY WARD. — Alors, venez... venez.

Elle l'entraîne rapidement.

RIDEAU

Miss Fanny. Mary.   Harry.   Ward.   Dawis.   Aïma.

Ward : « Vous regardez Aïma, Dawis ?... C'est une drôle de petite esclave... » (page 12).

ACTE II

UNE NUIT AU DÉSERT

Une terrasse de maison arabe à Bir-el-Seba. Une terrasse d'Orient par une nuit claire et merveilleuse. Au fond, un escalier. A droite, l'entrée d'appartements. Tapis. Table. Fauteuils. A gauche, une espèce de tente faite de soieries. Des étoiles. Du ciel partout.

Au lever du rideau, le jour est mourant et ensanglanté.

HARRY. — Eh bien !

AÏMA, une jeune Arabe mystérieuse. — Est-ce que je peux préparer le service du thé, seigneur Harry.

HARRY. — Bien sûr que tu peux, Aïma. Si j'avais donné la bastonnade aux prisonniers turcs depuis que je l'attends, ils seraient tous morts maintenant...

AÏMA. — Il fallait le faire, seigneur Harry.

HARRY. — Comment, tu dis cela, toi qui es presque Turque ?

AÏMA. — Moi, Turque ? Je ne suis pas Turque, je suis Arabe. Je ne suis même pas Arabe, je suis protestante ! Mes maîtres vénérés sont les Anglais.

HARRY. — Bravo ! Il est vrai que tu fabriques le thé comme le barman du Carlton.

AÏMA, Occidentale soudain. — Il a été mon bon ami, là-bas, pendant tout un hiver, seigneur Harry. Oh ! ne dites pas cela à lady Ward...

HARRY, sursautant. — A ma sœur ? Est-ce que tu es folle...?

AÏMA. — Elle serait fâchée ! Et je l'aime tant, seigneur Harry... Moi, je me ferais couper pour elle en petites lanières... fines, fines, fines...

HARRY. — Aïma, ma belle, tu es une gentille petite tête de Turque.

AÏMA. — N'est-ce pas, seigneur Harry ?... Voici la maîtresse qui sort de ses appartements... Ne lui dites pas, surtout !

HARRY. — Quoi ?

AÏMA. — Que j'ai été dans le lit du barman !

HARRY, riant. — Mais non, mais non !

Entrent Mary Ward et Fanny.

MARY WARD. — Qu'est-ce qui vous fait rire, Harry ?

HARRY. — Je ris des petites balivernes saugrenues que me raconte Aïma. Je vous conseille de l'emmener à Londres. Ce sera très chic : « Où donc avez-vous eu cette femme de chambre, lady Ward ? » — « Je l'ai ramassée à Gaza, quelques jours après l'occupation. Elle jetait des fleurs aux troupes britanniques et criait, avec son accent arabe : Tuez les Turcs ! Tuez les Turcs ! » — Elle aura beaucoup de succès !

MARY WARD. — Je ne reparlerai jamais de l'occupation de Gaza, Harry. J'y ai eu trop de chagrin.

HARRY, tendrement. — A cause de moi, ma sœur chérie. Ah ! le fait est que je me demande encore comment je suis vivant ? Quelle blessure ! Si Gaza n'avait pas été prise, si vous n'aviez pu accourir, pour me soigner, c'était irréparable ! Quand je pense que c'est pour moi, pour votre frère tout seul, que vous êtes ici ! Car c'est pour moi — hein, Mary ? — Ce n'est pas exclusivement par amour ?

MARY WARD, avec un mouvement involontaire. — Par amour ?

HARRY, toujours très gaiement. — Oui, oui : tout colonel qu'il est, mon beau-frère a des faiblesses ! Il se dit : « La blessure de son frère y est bien pour quelque chose ; mais l'amour aussi. » Hein, Mary ? Avouez-le, avouez-le, que c'est l'amour !

MARY WARD, sans intonation. — Puisque vous voulez que ce soit l'amour, Harry, je dirai que c'est l'amour. Mais vous êtes un peu ingrat.

HARRY. — Non, ma petite sœur, non, je ne suis pas ingrat ; je vous taquine. Mais, dites-moi, vous n'allez pas nous suivre jusqu'à Jérusalem ? Reposez-vous... Attendez que nous soyons dans la Ville Sainte pour nous y rejoindre.

MARY WARD. — Il faudra bien que j'attende, Harry.

HARRY, content. — Cela ne sera pas très long, vous verrez. Il y a du nouveau, et dès ce soir... Je suis chargé du commencement avec Jeff...

MARY WARD, d'un ton détaché. — Ah !... qu'est-ce que c'est ?

HARRY, hochant la tête. — Délicat et dangereux. Dangereux... pour Jeff, en tout cas... C'est sur lui que l'affaire repose. Mais voici Ward, il va vous dire, lui-même... (En apparence indifférente à ce qui se dit, Aïma écoute et, sans être remarquée de ses maîtres, elle dresse l'oreille davantage encore aux dernières paroles de Harry. Harry, à Ward.) Eh bien, colonel !

WARD. — Tout va bien, Harry. Nous sommes prêts et c'est pour ce soir.

HARRY. — Parfait, colonel. Je suis en forme et je le disais à Mary.

WARD, cordialement. — Harry, quand nous sommes seuls, appelez-moi Georges. Je vous en prie, Mary, mon cœur, rappelez à votre frère qu'il est aussi le mien.

MARY WARD, souriante. — Il le sait, du reste, n'en doutez pas.

HARRY. — Eh bien, comment êtes-vous ce soir... Georges ?

WARD. — Très bien.

Mary Ward s'est levée pour offrir le thé, mais elle n'a pas cessé d'entendre.

MARY WARD, dissimulant bien ce qu'elle pense. — Vous m'intriguez, William. S'agit-il d'une mission si dangereuse ?

HARRY. — Oh ! pas trop pour moi, petite sœur, mais pour Jeff, comme je vous ai dit...

MARY WARD, même jeu. — Est-ce ce jeune officier qui, de lui-même, l'a réclamée ?

WARD. — Non, mais je la lui ai donnée pour lui faire honneur !

HARRY, riant. — Oui, et pour agacer Dawis.

MARY WARD. — Le major Dawis continue à ne pas aimer M. Gordon ?

HARRY, riant. — Guère.

MISS FANNY. — C'est une étrange façon de respecter son colonel.

WARD. — Que voulez-vous ? Vous connaissez Dawis. C'est la droiture même, mais il sort du rang...

HARRY. — Et son père était inspecteur de police...

MARY WARD, se maîtrisant. — ... Est-ce qu'il est indiscret d'interroger sur cette mission ?

WARD. — Du tout, Mary. Vous et miss Marwell, vous êtes des soldats. Voici : Vous savez que l'ennemi tient les ravins desséchés et les torrents. Il s'agit de l'en déloger et d'occuper le croisement des voies ferrées qui mènent de Bir-el-Seba à Jérusalem.

HARRY. — C'est capital, pour couper Jérusalem de Damas.

MARY WARD. — Et alors ?

WARD. — Nous pouvions le faire en forçant le passage de l'oued Hézy. Nous savons par des espions qu'un régiment turc se trouve sur l'oued. Et ce régiment — nous avons de bonnes raisons pour le croire — est commandé par un officier comme il y en a chez ces gens-là : un homme à vendre. Le marché est fait. Il s'agit, cette nuit, de lui porter la somme. Mission difficile et périlleuse. Il faut se déguiser en indigène, traverser plusieurs lignes ennemies, — et celles-là bien gardées. Jeff se déguisera. Harry de même. Mais Harry tournera les lignes et n'ira pas jusqu'au bout...

HARRY. — Il est convenu qu'à un endroit désigné j'attendrai Jeff. S'il n'est pas là à l'heure dite, je reviendrai au camp... prévenir que l'affaire est manquée.

MARY WARD. — ... Et si le lieutenant Gordon est surpris ?

WARD, très simple. — Oh ! dans ce cas, pas d'erreur, et il le sait : c'est la mort en se défendant, ou l'exécution dix minutes après par les Turcs... (Un temps.)

HARRY. — Il faut espérer que le major Dawis s'en contentera...

MARY WARD, osant à peine. — Est-ce que... le lieutenant Gordon partira... directement... du camp ?

WARD. — Non, il viendra chercher Harry tout à l'heure. Je lui remettrai la somme que j'ai là... Evidemment, cet officier turc est un cad... le dernier des hommes... mais le sang anglais est précieux. C'est notre gloire de le verser contre des adversaires honorables, mais quand, chez l'ennemi, on rencontre une bête à vendre, il sied de l'acheter et de garder les risques pour une plus noble occasion...

HARRY. — ... La nuit est belle, la lune éclaire. Ce sera beau.

WARD. — Oui, mais les difficultés s'en augmentent.

HARRY. — Bah ! nous réussirons tout de même !

MISS FANNY. — Ne vous inquiétez pas, Mary, vous reverrez votre frère demain.

WARD. — Mary est un soldat, je le répète. Elle est brave et digne de nous. N'est-ce pas, Mary ?

MARY WARD. — Certainement... certainement... mais je vivrai une nuit dure.

HARRY. — Oh ! la mission la plus dangereuse n'est pas la mienne. Voici notre homme. Georges, mon frère, le service recommence. Je vais derechef vous appeler : colonel.

WARD, gaiement. — Entendu, lieutenant. (Entre Dawis.) Eh ! mais, tiens, ce n'est pas Gordon, c'est Dawis.

MARY WARD, à elle-même, après s'être levée. — Une nuit dure !

DAWIS. — Mes hommages, lady Ward ! (Elle le salue silencieusement.) Miss Marwell. Colonel !... Vous allez bien, Harry ?

WARD. — Vous venez prendre une tasse de thé avec nous ? Excellente idée !

Dawis s'est assis près de la table sur laquelle Ward a consulté une carte, depuis quelques instants, tout en parlant.

HARRY. — Aïma, apporte un service pour monsieur le major.

DAWIS, à mi-voix. — J'ai à vous parler, colonel.

Harry se lève et va vers Fanny Marwell. Ils s'associent, tous les deux. Mary Ward, à l'autre extrémité de la terrasse, regarde vers le désert qui commence dès la maison.

WARD, allumant un cigare. — Allez, Dawis.

Dawis. — Colonel, où serez-vous, cette nuit ?

Ward. — Mais au camp, Dawis. J'y resterai jusqu'au matin. J'ai à régler tout pour l'attaque de la voie ferrée. J'espère pouvoir donner l'ordre dès demain. Dormez bien jusque-là pour être en forme.

Dawis. — Colonel, je voudrais ne pas dormir et vous demander dix hommes.

Ward. — Et pour quoi faire ?

Dawis, après un petit temps. — Avec la permission de m'en servir à mon gré.

Ward. — Quel mystère ! Du louche ?

Dawis. — Je crois. Mais je ne suis pas sûr et je ne veux pas avoir l'air niais. Laissez-moi le mérite. Ward. Je vous rendrai compte demain, au rapport.

Ward. — Entendu. Vous êtes un homme avisé, Dawis. Faites. Mais il s'agit, n'est-ce pas, de surveillance locale ?

Dawis, souriant. — Tout ce qu'il y a de plus locale.

Ward. — Entendu. Tenez, votre cigare est éteint... un autre ?

Dawis, acceptant. — Ça ne se refuse jamais.

 Aïma s'approche pour enlever le service de thé.

Ward. — Vous regardez Aïma, Dawis ! C'est une drôle de petite esclave d'aujourd'hui. Il faut l'entendre crier : « Tuez les Turcs ! Tuez les Turcs ! »

Dawis, bizarre. — Ah ! ah ! elle crie : « Tuez les Turcs ! » Elle a de beaux yeux.

 Aïma, qui se sent regardée, s'éloigne.

Harry. — Voici Gordon, colonel...

Dawis, se levant. — Je m'en vais, si vous le permettez. D'ici le centre de la ville, j'en ai pour un quart d'heure. Mon havane me tiendra compagnie.

Ward, lui serrant la main. — Allez.

 Dawis prend congé de lady Ward et de Fanny, serre
 la main de Harry et se rencontre avec Gordon qui
 arrive, costumé en arabe. Ils sont juste à l'amorce
 de l'escalier. Ils font tous deux un très correct et
 presque cérémonieux salut militaire. Dawis descend.

Jeff, au colonel. — Je suis venu ici selon vos ordres exprès, colonel.

Ward, lui serrant la main. — Vous êtes étonnant en arabe. Bravo. J'ai bonne impression. Ça ira. Mais veillez. Si ça manque, vous y passez. Gardez-vous...

 Il lui frappe l'épaule avec affection.

Harry, près de Mary Ward et de Fanny. — Allô, Jeff.

Jeff, se retournant. — Oh ! Harry... (Il fait deux pas vers Mary Ward.) Excusez-moi, madame. Je n'avais vu que mon colonel. (Il s'incline avec respect.)

Mary Ward. — Bonsoir. (Elle lui tend la main.)

Harry. — Voici le héros, mesdames.

Jeff, souriant. — Oh ! le héros... attendons à demain.

Mary Ward, avec tout le secret de son âme, sous l'apparence indifférente. — Je suis au courant de votre mission, monsieur Gordon... Bonne chance.

Jeff, de même. — Je vous remercie, madame. Quoi qu'il arrive, car j'ai pensé à tout, j'espère ne pas démériter.

Ward, qui s'est rapproché. — Tenez, camarade, buvez. Il est très recommandable, bien que turc.

 Il lui donne une petite coupe de café.

Jeff. — Vous êtes trop bon, colonel.

Ward. — Vous avez bien tout compris, maintenant !

Jeff. — Tout, colonel...

Ward. — Je vais vous donner la somme et préciser quelques détails... Venez à la table... (Ils y vont.)

Harry, près des deux femmes, à Mary. — Nous avons peut-être eu tort de vous dire, petite sœur ? Vous êtes inquiète...

Mary Ward. — Comment ne le serais-je pas ? C'est une telle mission ! C'est pire que la bataille.

Harry. — C'est du sport... Mais je suis un peu comme vous... Oh ! pas pour moi. Sincèrement, ma part est moins dangereuse. Je vais vous faire un aveu : j'avais l'ambition d'être désigné à la place de Jeff. Ward s'y est refusé. Et je le comprends. Après ce qu'il a fait pour Gordon, il se devait à lui-même de lui confier la tâche la plus ardue, celle dont on meurt, ou qui, tout à fait, réhabilite ! Demain, quoi qu'il arrive, Dawis sera muselé : Jeff, vivant, il devra le féliciter ! Mort, l'honorer ! Pour moi, petite sœur, rassurez-vous, je m'en tirerai.

Ward, de la table. — Harry !

Harry. — Colonel ?

 Il va rejoindre les deux hommes. Ils continuent tous les
 trois à voix basse d'abord. Près des femmes passe Aïma.

Mary Ward, faisant un pas vers elle. — Aïma.

Aïma. — Maîtresse ?

Mary Ward. — Écoute...

 Elle lui parle longuement à voix basse ; sa physionomie,
 son geste montrent qu'elle désigne l'un des trois
 hommes.

Ward, continuant sa conversation avec Gordon. — C'est bien compris ?

Jeff. — C'est bien compris, colonel...

Ward, penché sur la carte. — Vous partirez à cheval, tout de suite, jusqu'aux avant-postes et puis vous continuerez à pied, jusqu'à la boucle de l'oued ; c'est là que Harry vous prendra au retour, avec la Ford. Vous, Harry, vous attendrez Jeff jusqu'à quatre heures. Si à quatre heures il n'est pas là, — vous revenez.

Jeff. — Entendu, colonel.

Ward. — Et maintenant, garçon, en avant !

 Il lui ouvre brusquement les bras, avec effusion. Mary
 Ward a fini de parler avec Aïma. Aïma se retire avec
 mystère et Mary Ward se rapproche pendant que les
 deux hommes s'embrassent.

Jeff. — Je m'en vais. A demain matin, Harry, du moins, je l'espère. Mes hommages, madame.

Mary Ward. — Au revoir.

 Elle lui serre la main. Jeff descend l'escalier et disparaît.

Ward, à Harry. — Allons, c'est un homme !... Qu'est-ce que vous faites avant minuit ?

Harry. — Voulez-vous, Mary, que je vous tienne compagnie ?

Mary Ward. — Oh ! non, Harry, je suis très lasse.

Miss Fanny. — Je m'en vais aussi : je suis de garde à l'hôpital...

Harry. — Alors, Ward, je vais faire quelques pas avec vous. Je ne veux pas m'endormir, même une heure. Cela m'alourdirait...

Ward. — Venez ! (A Fanny.) Au revoir. (Il lui serre la main.) Dormez bien, Mary.

 Tendrement, il l'embrasse au front.

Mary Ward, sans intonation. — Quand reviendrez-vous, Ward ?

Ward. — Oh ! pas avant demain matin. J'ai du travail jusqu'à l'aube. (Il descend l'escalier.)

Harry, le suivant. — Et ne faites pas de mauvais rêves, petite Mary. Je vous ferai un beau récit de l'aventure...

 Il la salue gaiement de la main et descend à son tour.

Mary Ward, douloureuse, malgré elle. — Un beau récit de l'aventure !... A qui, moi, pourrai-je faire un récit de la mienne ? (Elle tombe, assise.)

Miss Fanny, *doucement penchée vers elle*. — A moi, Mary. Et pourquoi un récit? Croyez-vous que je n'ai pas deviné... (*Mary ne répond pas. Miss Fanny, près d'elle, avec une grande tendresse.*) Grand Dieu! Comment n'aurais-je pas? Je suis femme, Mary... Votre maîtrise, votre dignité ne suffisent pas pour me tromper. Ward, lui-même, s'il n'était pas absorbé par ses devoirs de chef, aurait pu discerner, ce soir, que ce n'est pas pour votre frère que vous tremblez...

Mary Ward, *épouvantée*. — Taisez-vous, Fanny!

Miss Fanny. — Ma pauvre petite!

Mary Ward. — C'est donc pour cela que j'étais née? Pour cette injustice: ne pas être à l'homme que mon cœur et toute ma nature, impérieusement, me désignaient... et pour qu'il revienne sur ma route afin de m'interdire l'oubli?... Ainsi, pour moi, tout est souffrance! S'il meurt, cette nuit, j'aurai l'obligation, demain, d'avoir mes yeux de tous les jours. Pas une larme, rien. Et pas même un souvenir heureux... pas même la mémoire d'une joie...

Miss Fanny, *avec bonté*. — C'est ça, mon petit, plaignez-vous.

Mary Ward, *se reprenant*. — Non, non, j'ai tort. A quoi bon? (*Elle continue cependant.*) Mais la destinée, tout de même, a pris trop de soins. La blessure de Harry m'a été fatale. Gaza tombée, mon frère agonisant, j'ai suivi le devoir d'aller vers mon frère. Ainsi j'ai dû rencontrer monsieur Gordon, constamment. Il n'a rien fait pour cela, mais les événements... et peu à peu, l'amour m'a reprise... et ce soir... Mais tenez, Fanny, ne parlons plus, c'est inutile. Cela me réconforte un peu que vous sachiez, mais ne parlons plus.

Miss Fanny. — Comme vous voudrez, Mary. Alors, je m'en vais!... Je vais à l'hôpital.

Mary Ward. — Allez, ma chérie, allez... Il y a d'autres douleurs qui vous réclament. (*Fanny partie, elle revient, l'ayant accompagnée jusqu'au haut de l'escalier. Puis elle a l'attitude de quelqu'un qui attend et s'assure de la solitude. Enfin elle va vers la droite et ouvre la petite porte rouge; elle se penche en avant et dit:*) Jeff!... (*Un temps. Jeff paraît. Mary Ward, très émue.*) Venez... Venez, Jeff! Que je suis contente! Vous avez pu revenir! Aïma a pu vous joindre. J'avais si peur qu'elle eût mal compris! Vous me regardez, Jeff? Est-ce parce que j'ai dit: « Je suis contente? » — Jeff, je suis contente! Je ne peux pas, d'abord, dire autre chose...

Jeff, *avec une sorte de stupéfaction*. — Mary, Mary, qu'est-ce que vous faites? Est-ce que vous avez tout oublié? Est-ce que vous pensez à vous?

Mary Ward. — Je ne sais à quoi je pense, Jeff! Mais vous êtes là! Je vous revois une fois encore! Quand vous m'avez dit au revoir, là, tout à l'heure, j'avais eu si peur que ce fût le dernier adieu...

Jeff, *avec une ardente retenue*. — Mary...

Mary Ward. — Qu'est-ce qui s'est passé? Ditesmoi?

Jeff, *se reprenant*. — Je ne sais encore si c'est la vérité, tellement je demeure stupéfait. Je m'en allais. Au bas de votre maison, là, à gauche, il y a cette petite sente qui, près des dattiers, rejoint la route. Soudain, votre Arabe m'a abordé et m'a enjoint de revenir tout de suite, de votre part. Tout d'abord, je ne voulais pas. Mais elle m'a saisi par la main et m'a répété que vous m'attendiez. Une fois encore j'ai dit non. Puis, sur une nouvelle insistance, j'ai obéi. (*Avec une ombre de gêne.*) Alors, il a fallu que je commence à me cacher et que je rentre dans l'ombre, parce que votre mari et votre frère passaient sur

la route. Enfin, l'Arabe m'a indiqué le petit escalier que j'ignorais et qui monte à cette terrasse... j'ai attendu quelques instants et vous avez ouvert la porte...

Mary Ward. — Personne ne vous a vu?

Jeff. — Non, personne.

Mary Ward. — Bien. Vous pourrez ressortir de même.

Jeff, *la regardant*. — Mais pourquoi cette entrevue, Mary, pourquoi? Mon Dieu, j'ai toujours, moi, respecté notre convention...

Mary Ward, *avec une émotion grandissante*. — Mais vous m'avez toujours aimée, Jeff?

Jeff, *simple, profond*. — Toujours, vous le savez, — et davantage, maintenant. (*Elle lui saisit la main.*) Mary, Mary, votre main tremble dans la mienne. Je vois tout mon amour dans vos yeux.

Mary Ward. — Non pas le vôtre: le mien.

Jeff, *bouleversé*. — Mary!... (*Un temps.*) Oh! pourquoi, pourquoi faites-vous cela ce soir? quand j'ai tant besoin de ma force!

Mary Ward. — Est-ce que vous en aurez moins parce que vous m'avez revue, — et dans la solitude... enfin! Oh! ce n'est pas pour vous enlever de la force que j'ai fait ça, Jeff. C'est pour vous donner plus de confiance. C'est pour vous rendre le goût de la vie.

Jeff, *qui comprend*. — Je ne l'ai plus guère. C'est vrai. Mais soyez tranquille.

Mary Ward, *scrutant ses yeux*. — Vous parlez bien du fond de l'âme, n'est-ce pas?

Jeff. — Je vous le jure.

Mary Ward, *avec joie*. — Dieu soit loué!... Ah! c'est que j'ai eu peur, Jeff, si peur...

Elle se laisse tomber, assise.

Jeff, *intensément*. — Il ne faut pas. Il n'y a pas de doute, je reviendrai... Oh! je suis bien content tout de même que vous ayez eu cette pensée... bien content!... Tout mon amour immolé est payé par cette seule minute! Toute ma vie... Ainsi, votre tendresse a résisté à tant d'épreuves... Je vous vois bouleversée pour moi!... Vous m'aimez toujours, femme d'un autre...

Mary Ward, *presque farouche*. — Ah! taisez-vous, taisez-vous...

Jeff. — Mary!

Il s'agenouille près d'elle.

Mary Ward. — Je vous aime, Jeff.

Elle le saisit dans ses bras et l'embrasse avec emportement. Un long temps.

Jeff. — Mary... (*Il la regarde longuement avec une espèce d'extase.*) Je remplirai ma tâche, Mary, avec ardeur, sans défaillance... Mais c'est pourtant ce soir que je serais heureux, oh! si heureux de bien mourir! Je n'ai plus rien à désirer, maintenant... rien... rien...

Il est toujours à ses pieds.

Mary Ward. — Mon chéri! (*Elle se penche vers lui.*) Mais moi, moi, je désire ardemment que tu vives... (*Elle se lève.*) Va, remplis ton devoir, j'ai confiance maintenant: tu ne mourras pas!

Jeff. — Quoi qu'il m'arrive, il faut me hâter. Je peux rencontrer des difficultés. J'ai tout le temps, mais il est mieux d'en avoir trop.

Mary Ward. — Je resterai debout toute la nuit. Je ne sais pas si je prierai. Mais ma pensée, avec ferveur, fera chaque mètre avec vous.

Jeff. — Mon seul amour... (*Ils se regardent comme on s'étreint.*) Tenez, prenez cette lettre. Je ne savais pas. Je vous l'avais écrite. Je l'aurais laissée en partant à un soldat sûr, qui vous l'aurait remise... si je n'étais pas revenu... Mais je reviendrai...

MARY WARD. — Oui, c'est bien ainsi... avec cette voix!... C'est cet au revoir qu'il me fallait. *(Elle prend la lettre.)* Va, maintenant... *(Il sort par son chemin d'entrée. Mary Ward, seule.)* Je resterai là toute la nuit... *(Elle ouvre la lettre. Elle lit.) Mary, adieu. Le dernier mot que j'aurai dit sera votre nom. N'ayez aucun regret, vous avez été mon mirage et je ferme les yeux sur vous...* (Sa voix se brise.) *Jeff...* (Plus fort.) Sauvé! oh! j'en suis sûre! j'en suis sûre! je l'ai sauvé!

(On entend un coup de feu et un brouhaha dans la direction prise par Jeff. Mary demeure immobile un instant, frappée d'effroi; puis elle se jette vers la petite porte, mais Jeff entre, hors de lui.)

JEFF, rapide, après avoir traversé la terrasse. — On a tiré sur moi. La maison est gardée. Je ne peux pas sortir.

MARY WARD. — Qu'est-ce que vous dites?

JEFF, même jeu. — Je vous dis que je suis prisonnier ici. Il y a deux soldats au bout de la sente et j'ai aperçu le major Dawis.

MARY WARD. — Mais c'est de la folie. Pourquoi?

JEFF, même jeu. — Je n'en sais rien, mais je suis perdu.

MARY WARD, pâle. — Vous êtes fou, je vous dis! Et d'abord le major Dawis ne connaît pas cet escalier.

JEFF, net. — Quoi qu'il en soit, je ne peux plus sortir qu'en vous déshonorant, ou moi.

MARY WARD, rapide. — Prenez garde, quelqu'un vient et va monter à droite. Mettez-vous là et, par le ciel, ne bougez plus.

(Elle le fait se cacher vers l'entrée des appartements. Puis elle va rapidement vers le grand escalier; entre le major Dawis, suivi de deux soldats.)

DAWIS. — Je vous demande pardon, lady Ward, et vous m'excuserez de venir jusqu'à vous. Mais vous avez dû entendre le coup de feu?

MARY WARD, se dominant. — J'ai entendu, en effet. J'allais rentrer chez moi; que se passe-t-il?

DAWIS. — Sans vous en douter, lady Ward, le colonel et vous, vous aviez chez vous une ennemie, votre Arabe Aïma... Mais, permettez, je vous prie, que mes deux hommes cherchent mieux. Il s'agit de trouver un homme — que nous ne connaissons pas — et qui est caché près de votre maison; à moins que, se sentant poursuivi, il n'y soit pénétré. *(Aux soldats.)* Allez.

(Ils vont obéir.)

MARY WARD. — Je pense que vous êtes fou, major Dawis. Je défends à ces hommes de faire un pas...

(Les soldats s'arrêtent et regardent leur chef.)

DAWIS. — Je vous en prie...

MARY WARD, nette. — Moi de même. Votre incursion chez moi est tout à fait incorrecte...

DAWIS, stupéfait. — Mais, lady Ward, réfléchissez. Il ne s'agit en rien de vous faire outrage et vous le savez bien. Vous êtes vous-même en péril. Je vous répète que votre soi-disant Arabe est une espionne turque. Je la surveille depuis plusieurs jours. Chaque nuit, elle sort de chez vous et de la ville. Ah! la damnée fille nous a échappé.

MARY WARD. — Cherchez-la.

DAWIS. — Comme une couleuvre, elle a disparu. La sentinelle, stupide, a tiré au lieu de la suivre. Mais cette sentinelle l'a vue rejoindre un homme et lui parler! Rassurez-vous! Le drôle, lui, ne s'échap-

pera pas! Je vous en prie, permettez de fouiller.

LADY WARD. — Je vous ai dit non, et une enquête dans cette demeure me déplaît. Je suis une femme et j'ai le droit d'échapper un peu à l'atmosphère du combat, du moins pendant mon repos. Ne craignez rien: aucun espion ne peut être ici. Mais hâtez-vous. S'il est, comme vous le dites, caché près des murs, vous n'avez que le temps de le chercher... dehors...

(Un temps. Ils se regardent.)

DAWIS, aux soldats. — Redescendez. *(Ils le font. A lady Ward.)* Vous m'excuserez, lady Ward, votre affirmation doit me suffire et elle me suffit.

MARY WARD. — Je m'en félicite. Bonsoir, monsieur le major.

(Le major Dawis salue et va se retirer; entre, montant l'escalier du fond, Harry.)

HARRY, étonné. — Eh bien, qu'est-ce qu'il y a? Je reviens d'accompagner Ward sur la route et je trouve la maison cernée et on me dit qu'on a tiré... et je vous rencontre, monsieur le major... Avez-vous eu peur, Mary?

MARY WARD, nerveuse. — Pas du tout. C'est une histoire de police, mais ma terrasse est hors du champ. Si vous le permettez, Dawis, je raconterai moi-même à mon frère...

DAWIS. — Pour vous obéir, lady Ward, je vais continuer les recherches dehors. J'ai un ordre de service jusqu'à l'aube. Nous allons cerner la maison jusqu'à l'aube.

(Il s'incline et sort par l'escalier du fond.)

HARRY, à lady Ward et moitié riant. — Ah! ça, qu'est-ce que ça veut dire? Dawis a la manie des espions. Au fait, il y en a. Mais les chercher ici, cela passe la mesure. Une sentinelle ne m'a-t-elle pas dit en bas qu'un homme était entré ici? C'est une bouffonnerie...

(Un temps.)

MARY WARD, immobile. — Harry, je vais vous dire quelque chose. Dawis a raison. Un homme est entré ici.

HARRY, stupéfait. — Qu'est-ce que vous dites?

MARY WARD. — La vérité. Et il faut que cet homme ressorte coûte que coûte.

HARRY, d'une voix brève. — Mary, vous m'effrayez. Quel est cet homme?

JEFF, se montrant. — C'est moi.

(Il reste devant Harry debout, dans une espèce de garde à vous.)

HARRY, même jeu. — Qu'est-ce que vous faites là?

JEFF, après un tout petit geste des bras. — Il faut que je sorte absolument.

HARRY, plus net encore. — Qu'est-ce que vous faites là, je vous demande!

(Jeff, sans répondre, regarde Mary Ward.)

MARY WARD, avec une espèce de supplication digne. — Harry, vous êtes mon frère... il ne s'agit pas de savoir ce que M. Gordon fait ici. Il s'agit qu'il sorte... et vous allez nous aider à en trouver les moyens.

HARRY, sursautant. — Moi!

JEFF, bouleversé. — J'ai une mission, Harry.

HARRY, le regardant. — Vraiment?

(Jeff, qui souffre affreusement, se tait.)

MARY WARD. — Harry... n'ayez pas cette attitude... Oui, je conçois votre stupeur. Je vous raconterai, je vous expliquerai... mais, pour l'instant, il s'agit d'une chose plus grave...

HARRY, regardant toujours Jeff. — Plus grave? Mettons, différente...

MARY WARD. — Si vous voulez. Quand je vous aurai parlé, seul, Harry, vous comprendrez...

HARRY, implacable. — Vous ne pouvez pas me parler seul, puisque monsieur ne peut pas sortir.

MARY WARD. — Il le faut cependant. Votre chambre est en bas. M. Gordon pouvait très bien s'y trouver, — et vous attendre? C'est plausible : vous avez tous les deux une mission à remplir. Vous sortirez ensemble, ostensiblement. Pour l'homme que cherche le major Dawis, il continuera à chercher...

Un temps.

JEFF, toujours immobile, avec une sorte de supplication ardente dans la voix. — Il faut que la mission soit remplie, Harry.

Un temps.

HARRY. — Elle le sera. (A Jeff.) Donnez-moi l'argent que vous a remis mon beau-frère; j'irai en votre place où il faut aller.

JEFF, avec une voix basse et une révolte profonde. — Harry...

HARRY, sèchement. — C'est tout ce que je peux faire. (Un temps.) Il faut pour remplir cette mission un homme qui ait l'esprit libre et rien à regretter. C'est mon cas.

MARY WARD, très pâle. — Je ne comprends pas votre attitude, Harry.

HARRY. — M. Gordon la comprend très bien.

Un grand temps.

JEFF, immobile. — Oui.

HARRY, comme on dégrade. — Alors, faites.

JEFF. — Voici.

Il lui donne le portefeuille et ne bouge plus.

HARRY. — J'ajoute un mot. Le major Dawis l'a dit; à l'aube la maison sera libre, vous pourrez sortir. Moi j'accomplirai la mission, seul, j'en ai la certitude. Ainsi tout restera secret entre nous. Nous nous verrons demain matin au quartier général. (Appuyant sur les mots.) Mon beau-frère le colonel Ward — pour qui j'ai autant de respect que de reconnaissance — sera au-dessus de cette histoire, et l'ignorera. Au revoir, Mary. (Il lui tend la main.) Soyez tranquille, je reviendrai.

Il sort sans saluer Jeff.

MARY WARD, avec une affectation d'esprit tranquille, cachant son angoisse. — La dureté d'Harry me surprend. Il y a quelque jalousie fraternelle dans son cas. Je m'en expliquerai avec lui. L'important, pour ce soir, est que l'affaire soit arrangée.

JEFF, net et simple. — Mary, je n'ai plus quarante-huit heures à vivre... Demain, soit d'une main ennemie, soit de celle-ci, j'en finirai. (Elle le regarde avec épouvante et sans répondre.) J'ai compris votre frère. A mon tour, n'est-ce pas, vous me comprenez?

MARY WARD, elle le regarde plus intensément. — Et vous, me comprenez-vous, Jeff? Vous souffrez étrangement dans votre orgueil et votre honneur de soldat est la seule chose que vous ayez en vue... Mais j'ai aussi un honneur, j'ai aussi une réputation, une dignité? Devant l'aîné de ma race tous ces sentiments viennent de saigner. Vous en ai-je parlé? Est-ce que, tout d'abord, j'ai tenté ma justification. Non, j'ai pensé à vous, uniquement. Est-ce que, seul, l'amour des femmes serait avant tout de l'amour? Vous parlez de vous tuer. Mais êtes-vous sûr de n'avoir pas, depuis ce soir, et envers moi des devoirs, des devoirs qui brusquement peuvent surgir?

JEFF, tremblant encore de l'affront reçu. — Mary, vous savez que j'étais en route pour mon service commandé et que c'est vous qui m'avez retenu.

MARY WARD. — Pour vous dire quoi, Jeff, et poussée par quel sentiment?

JEFF. — Pardonnez-moi, Mary. Je vous aime, vous le savez, et d'une ardeur sans pareille. Votre seule présence me bouleverse. Mais songez à l'affront — profondément juste et injuste — qui vient de m'être fait. De quels yeux reverrai-je Harry? Et s'il ne revient pas?

MARY WARD. — Il reviendra. Pourquoi toujours penser au pire?

JEFF. — Et quand, devant lui, le colonel Ward me félicitera?... L'abîme se rouvre, je vous assure.

MARY WARD, avec l'intention de le rasséréner. — Mais non, mais non! Jeff, vous pensez trop aux conséquences et pas assez aux premiers motifs! Pour une circonstance fâcheuse — mais qui, après tout, peut n'avoir pas de suites si graves — vous oubliez ce qui devrait vous exalter : cette preuve d'amour que je vous ai donnée.

JEFF, avec une protestation de tendresse ardente. — Je ne l'oublie pas... oh! non... je ne l'oublie pas... Mais quelle fatalité! Tout ce qui apporterait la joie à un autre homme se change en douleur immédiate. Voyez, le présent de ce soir continue le passé. Il y a dans notre amour je ne sais quoi de terrible qui nous tourmente, je ne sais quoi d'inexorable qui nous sépare... Réfléchissez... Une faute logiquement en entraîne une autre, celle de mon père, la mienne, et la mienne celles qui suivront, à commencer cette nuit par une espèce de désertion, et demain, ce sera l'imposture. Pourtant, vous le savez bien, je n'avais que courage et que loyauté et vous êtes une noble femme.

MARY WARD. — Je suis une femme très simplement. Je n'ai pas plus de noblesse que les autres. L'éducation dure que j'ai reçue m'a longtemps donné la maîtrise. Mais voilà que je n'en peux plus. Comme vous, mais avec plus de révolte, je constate que la vie s'ingénie à nous accabler...

JEFF, très sincère, avec une douceur profonde. — Mary... écoutez-moi, Mary... laissez-moi vous parler avec toute ma bonne volonté, toute ma bonne foi... Nous nous aimons. Nous sommes très malheureux et je ne vois d'issue que désastreuse, ou renoncement, ou trahison. Tout cela par ma faute, ou celle d'un des miens — hélas! — le plus proche. Pourquoi ne voulez-vous pas que je vous délivre?... Tant que je serai vivant, quelque chose paraît devoir s'acharner à nous remettre en face à face... Pourquoi ne voulez-vous pas que j'en finisse? J'ai eu tort de revenir, mais enfin je suis là : la guerre m'offre toutes ses ressources...

MARY WARD. — Tais-toi. Ce que tu dis est criminel envers moi... et tu inventes une torture nouvelle. Ah! Dieu, si j'étais à toi, que m'importerait le péril prochain! Va, je ne craindrais rien. Je serais fière et brave. Comme les femmes d'autrefois, moi-même, je te tendrais l'épée. Mais le mystère a je ne sais quoi de dégradant qui rend pusillanime. Tu me parles de mort volontaire quand j'en suis à me réjouir que tu sois loin du danger pour quelques heures...

JEFF, avec reproche. — Ne dites pas cela, ne dites pas cela! Je ne vous reconnais plus et ce n'est plus vous qui parlez.

MARY WARD, avec une espèce de honte. — Tu as raison, ce n'est plus moi : c'est je ne sais quel être de fièvre et d'égarement. (Elle s'est levée, en proie au bouleversement. Du village arabe et d'une autre terrasse arrive une voix de muezzin. Elle semble d'argent, comme la lumière de la

nuit sur le désert.) Vois-tu, nous sommes punis d'avoir
voulu vaincre l'instinct. Te rappelles-tu... Une fois
déjà — c'était en Angleterre, un soir de juin —
quelle flamme extraordinaire s'était emparée de
nous...

JEFF. — Je me rappelle...

MARY WARD. — Nous étions libres alors, et promis
l'un à l'autre. Nous avons cru pouvoir attendre...

JEFF, d'une voix basse. — Mon amour... (Il prête l'oreille.)
Écoutez, vous entendez en bas les sentinelles du
major Dawis? (Avec angoisse.) Oh! pourvu, pourvu que
votre frère arrive.

MARY WARD. — Tais-toi... Il faut qu'il arrive, il
le faut... Ma première faiblesse ne peut être un
crime! (Elle s'est blottie près de Jeff.) Calme-toi, console-
toi. Trouve du réconfort dans mes yeux. (Avec un effroi
soudain.) Jeff... à ton tour, parle-moi, rassure-moi. Je
t'aime, mais j'ai peur, j'ai affreusement peur!...

JEFF. — Non, non, il ne faut pas... Vous aviez raison, il ne faut pas... Mon Dieu!... Comme je vous
chéris, comme je vous sens tremblante dans mes
bras!... Ah! je n'aurais pas dû revenir. (Il parle avec
égarement et d'une voix soudain plus basse et plus brutale.)

Dans l'affreux guet-apens où nous sommes tombés,
j'éprouve encore une joie amère, une joie terrible, à
être seul auprès de vous.

MARY WARD. — J'éprouve la même. Donne-moi tes
mains. Sens-tu comme nos chaleurs sont mêlées! Regarde la nuit lumineuse. Songes-tu à ce qu'elle serait
si nos caresses et nos désirs l'illuminaient, en liberté...
(Dans un souffle.) Jeff...

JEFF, avec tout le trouble humain. — Mary... quel par-
fum merveilleux vient de vous... Mon amour...

MARY WARD, avec une espèce de crainte. — Jeff...
(Elle s'est levée, s'est éloignée de lui, et toute, cependant, elle
semble restée offerte. Elle est bien la flamme immobile. Jeff
fait un mouvement. À son tour, il va se lever. Mary Ward, dans
un souffle.) Non... Non... Ne bouge pas... Ne bouge
pas... voici la minute... prolonge-la... Il n'y a plus
que nous sur la terre... ne bouge pas... Tout à l'heure
les réalités vont renaître... tout à l'heure le drame va
nous ressaisir... Le malheur est en route... il peut ne
pas nous voir... ne bouge pas... ne bouge pas...

> La nuit et le silence sont devenus immenses. Seule, au
> lointain, une voix d'Orient lassée chante mystérieuse-
> ment. Mary se rapproche de Jeff...

RIDEAU

Mary Ward : « *Il n'y a plus que nous sur la terre... ne bouge pas...* »

Harry : « *Au moment de partir, Gordon ne m'a pas paru très maître de lui...* » (page 18).

ACTE III

LE MENSONGE

La même terrasse. Dans son ciel encore nocturne, les dernières étoiles vacillent et il y a déjà vers l'aurore une imprécise lueur rouge.

Jeff est seul, il pense fixement, assis. Quelques secondes meurent. La petite porte de l'escalier dérobé est ouverte. Bientôt, dans son encadrement, apparaît Mary Ward.

MARY WARD, à mi-voix. — Ils sont partis. C'est sûr. J'ai pu m'engager sur la première sente. J'ai entendu leurs pas s'éloigner.

Jeff se lève.

JEFF, avec un sourire triste. — Je suis en liberté provisoire...

MARY WARD, lui mettant un doigt sur les lèvres. — Chut!... Ne dites pas de méchantes choses. Cette journée qui se lève n'apporte aucun malheur, j'en suis sûre. Tout va s'arranger.

JEFF, avec une tendre intensité. — Oui. Les heures d'amour sont merveilleuses. Elles ont tous les opiums quand on les commet.

MARY WARD, tendrement. — Eh bien!...

JEFF. — Ensuite, le réveil vient...

MARY WARD, plus proche de lui. — Chut!

JEFF. — Mon cher amour, jurez-moi que, quoi qu'il arrive, vous puiserez dans votre force celle de ne pas trop souffrir.

MARY WARD. — Je vous dis qu'il n'arrivera rien. Vous allez trouver Harry au camp. Et puis, je lui parlerai. Il me comprendra.

JEFF, angoissé. — Croyez-vous vraiment qu'il ait pu réussir?

MARY WARD. — Cette nuit pour nous a été si belle, si pure, que je lui garde toute ma confiance. Vous voyez, déjà vous pouvez sortir. Allez vite, et soyez prudent. N'oubliez pas que je suis en jeu, et tout mon amour avec moi.

JEFF. — Je penserai à tout... Je penserai à tout.

Ils s'étreignent.

MARY WARD. — Allez, maintenant. J'irai moi-même au camp, dès que ma présence n'y sera plus étrange.

JEFF, tressaillant. — Non, non, je vous en prie, ne bougez pas d'ici. Restez tranquille. Essayez même de dormir. Promettez-le-moi.

MARY WARD. — Je vous le promets... Au revoir... (Ils sont maintenant près de la petite porte. Jeff la regarde longuement, baise ses mains qu'il a saisies et sort. L'aube s'affirme. Une diane plus distincte traverse le ciel.) L'aube... le réveil!... Jeff a raison : « Le réveil vient! » Je suis plus inquiète que lui... J'ai mon aspect de tous les jours et pourtant mon cœur a changé... Qu'est-ce donc que l'amour, et qu'est-ce donc que la solitude?... Dans la solitude, et brusquement, l'on voit plus clair... (Dans une espèce de brusquerie.) Tout est perdu. Harry ne reviendra pas! (Elle tombe assise et frissonne.) Jeff sera perdu et j'aurai tué mon frère! (Elle se lève.) Je n'en puis plus, il faut que je sache... Ah! je n'aurais pas dû, je n'aurais pas dû le laisser partir seul... (En haut de l'escalier, au fond, paraît Harry. Mary Ward, soulevée de joie.) Harry!... ah! c'est toi! C'est toi! Tu es revenu! Embrasse-moi!

HARRY, calme. — Bien volontiers, Mary.

MARY WARD. — Dieu soit loué, vous êtes vivant et la mission est remplie.

HARRY, souriant un peu. — La mission est remplie et je suis vivant, comme vous dites.

MARY WARD. — Harry, laissez-moi vous remercier de toute mon âme. De grands périls, n'est-ce pas?

HARRY. — Quelques-uns. Mais n'en parlons plus. Puisque je suis là, c'est qu'ils n'ont pas existé.

MARY WARD. — Vous avez toutes les noblesses. Et maintenant, d'urgence, il faut prévenir M. Gordon.

HARRY. — C'est fait! Je l'ai rencontré au bout de la sente.

MARY WARD, anxieuse. — Vous lui avez bien tout expliqué?

HARRY. — Aucun besoin d'explication : je lui ai dit : c'est fait. Il a compris. Il m'a salué et il est parti.

MARY WARD. — Et si mon mari l'interroge ?

HARRY. — Vous m'en demandez trop. Il répondra ce qu'il voudra. J'ai évité de voir le colonel, c'est tout ce que je pouvais faire. Je suis revenu directement ici. Moi aussi, j'étais inquiet, — pour vous. Maintenant tout paraît bien et, si vous le permettez...

Il veut prendre congé.

MARY WARD. — Harry... Harry, mon frère, ne partez pas si vite. (Avec reproche.) Vous me faites de la peine.

HARRY. — Vous m'en avez peut-être fait aussi.

MARY WARD. — Je n'en doute pas. Mais à cette heure-ci, moi, je vous estime si hautement que j'ai besoin de réciprocité, même pour ce sentiment-là. Je supporterais mal que vous me fussiez incompréhensif et sévère... Harry, votre attitude d'hier au soir m'a causé un chagrin ! Vous savez bien quelle femme j'étais...

HARRY. — Certes, et j'étais très fier de vous. Mais pourquoi ceci ? Vous n'avez rien à plaider, je ne suis pas juge.

MARY WARD. — Vous jugez pourtant.

HARRY, net. — Pas vous...

Un petit temps.

MARY WARD. — Je n'ai jamais été heureuse, Harry. Ward m'a donné tout ce qu'il pouvait m'apporter, son honneur, son nom, sa fortune, son amour. Je lui ai donné, en échange, ma jeunesse, ma personne, ma fortune aussi... mais l'amour n'est pas venu et j'ai dû le remplacer par le respect. J'ai cru pouvoir vivre ainsi jusqu'au bout. Cet orgueil a été vaincu. J'ai des excuses. Savez-vous que, depuis longtemps — tandis que vous, vous étiez aux Indes — je connaissais M. Gordon ?

HARRY, obligé de répondre. — Mary, vous me comprenez mal. Certes, ma découverte de cette nuit m'a été assez dure... Je m'étais habitué, depuis l'enfance, à vous croire sans faiblesse aucune. C'était une vanité de frère. Mais, que vous ayez ou non des arguments, c'est affaire à vous. Votre cœur n'est pas le mien. Vous êtes une femme et je saurais mal apprécier. Encore une fois, je ne vous juge pas, vous. Je suis homme et je juge un homme. Jeff Gordon, lui, est coupable, je vous en réponds sur l'honneur. Ce qu'il doit à votre mari le liait. Votre faute peut être légère, la sienne est lourde. S'il ne le comprends pas, je le plains...

MARY WARD. — Je n'ai que trop à craindre qu'il soit comme vous et ne juge en homme.

HARRY. — Un peu tard...

MARY WARD. — Les forces de l'amour sont plus inexorables que vous ne le pensez, Harry. Craignez vous-même de vous en apercevoir un jour.

HARRY. — Ce jour-là, j'espère avoir assez de force pour accorder le sentiment et le devoir.

MARY WARD. — Ce jour-là, vous serez comme les autres. Croyez-moi : j'ai dit comme vous.

HARRY. — Encore une fois, vous êtes femme.

MARY WARD. — Je suis femme, comme vous dites... C'est pour cela que je comprends... L'amour cède et le cœur est faible. Mais quelle détresse et quels reproches dans le regard ! Ne jugez pas M. Gordon à la légère. Comme vous, c'est un brave soldat...

HARRY. — Je n'ai jamais dit qu'il fût lâche.

MARY WARD. — Alors...

HARRY. — Alors ?... alors Mary, voici le colonel Ward, votre mari et le bienfaiteur de M. Gordon.

Au nom du ciel, cachez la détresse de vos regards et cachez aussi ce que, malgré vous, ils ont de trop fiévreux... ou de trop rayonnant...

MARY WARD, soudain, dans une autre attitude. — Vous devez avoir raison, Harry. Il y a quelque chose d'affreux dans la trahison : votre beau-frère vient et je voudrais m'ensevelir plutôt que soutenir sa vue.

HARRY. — Et vous êtes femme ! Pensez à ce qu'a dû ressentir Jeff s'il est ce que vous dites...

MARY WARD, avec angoisse. — Qu'est-ce qu'il a fait, mon Dieu ? Qu'est-ce qu'il a fait ?

Entre le colonel Ward.

WARD, avec une vraie joie. — Oh ! Harry... (Il lui serre la main avec émotion.) Oh ! je suis bien content. Vous êtes là, mon brave garçon, bravo ! (A sa femme.) Excusez-moi Mary ? Mais n'est-ce pas, c'est bien naturel ? Mon premier bonjour a été au messager qui est revenu. (A Harry.) Et Jeff ?

HARRY. — Vous ne l'avez pas vu, Ward ?

WARD. — Non.

Une espèce d'angoisse non remarquée passe sur le visage de Mary.

HARRY. — Il est au camp, et je pensais...

WARD. — Je ne l'ai pas vu. Après avoir travaillé toute la nuit, j'ai été inspecter les avant-postes. Jeff sera arrivé pendant ce temps-là. Tout s'est passé ?

HARRY. — Très bien, comme prévu.

WARD. — Parfait. Que dites-vous de cela, Mary ?

MARY WARD. — J'ai déjà exprimé à Harry toute ma joie.

WARD. — Vous étiez inquiète, je pense...

HARRY, changeant de thème. — Mais vous, Ward, que dire de vous ? Toujours au devoir, au travail...

WARD. — C'est bien le moins. Une tasse de bon café et il n'y paraîtra plus. (Mary frappe sur le timbre pour appeler. A Harry.) Et vous, il faut dormir.

HARRY. — Bien volontiers, je vous l'assure.

WARD. — Nous attaquerons ce soir. Tout est prévu. J'ai rédigé l'ordre en détail.

MARY WARD, au domestique qui arrive à l'appel. — Du café, tout de suite. Pour vous aussi, Harry ?

HARRY. — Oui. Mais dans ma chambre si vous le permettez.

Le domestique obéit et sort.

WARD. — Allez, allez...

HARRY. — Au revoir, petite sœur.

Il lui serre la main, la regarde avec affection et sort.

MARY WARD, à Ward. — N'allez-vous pas, vous-même, vous détendre un peu ?

WARD. — Plus tard. Je dois d'abord détailler l'ordre de la marche. Mais vous avez raison. Je ferai le rapport ici. Je vais convoquer mes officiers par le fil ; je l'avoue, je suis un peu las.

MARY WARD. — Je le conçois. Depuis toute une semaine vous passez vos nuits.

WARD. — Bah ! Ce sera bien autre chose, quand nous aurons repris la route. Et à ce propos, Mary... avez-vous réfléchi à ce que vous alliez faire ?

MARY WARD. — Mais je peux rester à Bir-el-Seba...

WARD. — Certes. Il y aura toujours des troupes et le drapeau anglais, vous y serez en sécurité...

MARY WARD. — Je ferai ce qui vous plaira, Ward. Voici votre café.

Elle prend le service des mains du domestique et le dispose elle-même.

WARD. — Merci, vous me gâtez trop. (Il la regarde tendrement.) Avez-vous réfléchi à quelle date nous sommes ?

Mary Ward. — Non, pourquoi ?

Ward. — Ah ! çà, vous êtes plus militaire que moi. J'y ai pensé, moi et cette nuit même, au moment de signer et de dater l'ordre. 25 septembre... l'anniversaire de notre mariage, Mary !

Mary Ward, moitié à elle-même. — 25 septembre... Mais oui, c'est vrai... 25 septembre...

Ward. — Ne répétez pas cette date heureuse d'un air si grave. (Avec émotion.) Je vous aime toujours bien, vous savez.

Mary Ward, regardant en face d'elle, un peu plus fixement. — Je le sais.

Ward. — ...Cette nuit d'anniversaire, il m'a été dur de la passer seul, au camp. J'ai eu un geste d'écolier. J'ai mis sur ma table votre portrait et j'ai continué à travailler. Par ma foi, je crois que j'ai travaillé mieux.

Mary Ward. — Je suis très émue de ce que vous me dites, Ward. Un homme comme vous ! Aucune femme n'est vraiment digne d'un tel amour.

Ward. — Vous vous connaissez mal... (Elle se lève, elle fait un geste pour indiquer qu'elle va sortir.) Où allez-vous ?

Mary Ward. — J'ai promis ma visite à Fanny : elle a passé la nuit. Peut-être a-t-elle besoin de moi ?

Ward. — Allez, chacun son devoir... Allez... Si cette mission n'avait pas été heureusement remplie, nous pouvions perdre la moitié de l'effectif. Imaginez-vous !

Mary Ward. — Je m'imagine !

Ward. — Allez... (Il lui baise doucement la main sans se lever. Elle descend le grand escalier. Ward se verse du café lentement, boit un peu. Son visage est éclairé de loyauté ; il a, toute la nuit, accompli son devoir, il se détend. Au bout d'un moment, au domestique qui est remonté.) John, donnez-moi le téléphone et dites à l'ordonnance d'emmener les chevaux. Je ne retournerai pas au camp, ou plus tard, et à pied... (Le domestique salue et sort, après avoir apporté au colonel le téléphone de campagne qui était au fond de la terrasse. Ward à l'appareil.) Allô... C'est vous, Lixin ?... Vous avez vu le lieutenant Gordon ?... Non !... Il n'est pas venu à mon baraquement ?... Non plus... Eh bien, faites-le chercher et dites-lui que je le demande... Le rapport aura lieu dans une heure chez moi... Non, pas tous les officiers... Les chefs de compagnie seulement... Au revoir, Lixin. (Il cesse de téléphoner.) Comment se fait-il qu'on n'ait pas vu Gordon ?... Au fait, il aura pensé que Harry me rendrait compte... (Tout en réfléchissant, il s'est étendu et a allumé un cigare. Le jour définitif baigne la terrasse dans une eau bleue. Le soleil jette des taches blanches sur les dalles. Par l'escalier du fond monte le major Dawis. Ward, dès qu'il l'aperçoit et sans bouger.) Ah ! non, Dawis, non. Si vous venez pour cette petite affaire de police, attendez le rapport... Ou bien venez fumer avec moi ; mais taisons-nous.

Dawis, s'avançant, impassible. — Croyez bien, Ward, que si je viens avant mes camarades c'est qu'il s'agit d'une affaire sérieuse... et pour éviter un scandale.

Ward, riant. — Allons, bon, un scandale à présent ! Vous êtes un type terrible, mon ami. Moi qui buvais ce beau ciel bleu ! Vous ne regardez donc jamais le ciel bleu, Dawis ? C'est quelque chose à contempler quand, d'une minute à l'autre... Enfin ! je vois que vous êtes décidé... Parlez.

Dawis. — Si je fais mal, vous me blâmerez tout à l'heure, Ward ?

Ward. — Allez.

Dawis, devenant plus militaire. — Colonel, ce matin, je me suis permis de mettre un officier du régiment en état provisoire d'arrestation.

Ward, se dressant à moitié. — Quoi ?

Dawis. — L'ayant arrêté, je l'ai conduit jusqu'à vous, avec quatre hommes d'escorte. Il est en bas, et vous pourrez l'interroger.

Ward. — Ah çà !... Je pense que vous avez un motif grave ?... Le nom ?

Dawis. — Lieutenant Gordon. (Un petit silence.)

Ward, avec un froncement de sourcils. — ... Je répète : je pense que vous avez un motif grave. J'attends de savoir lequel ?

Dawis. — Pour l'empêcher de se tuer.

Ward. — Quoi ?

Dawis, imperturbable. — Pour l'empêcher de se tuer. Ce matin, après avoir occupé ma nuit selon votre autorisation, je suis rentré au camp avec mes hommes et, sachant, non pas tout ce que j'aurais eu besoin de savoir, mais beaucoup de choses. J'ai vu, sans qu'il s'en doute, arriver furtivement le lieutenant Gordon, vêtu en Arabe.

Ward. — Et c'est pour ça !

Dawis, même jeu. — Je n'ai pas dit que ce fût pour ça. Le lieutenant Gordon est rentré dans son baraquement. Il a enlevé son déguisement et a repris son uniforme. Aucun de ses gestes ne m'a échappé. Je m'étais bien placé pour voir et heureusement assez près de lui. Le lieutenant Gordon a fait une courte prière, a pris son revolver d'ordonnance et s'est étendu sur son lit. Il a désentravé le cran d'arrêt. Je suis entré brusquement : une seconde de plus il était trop tard. Le coup de feu a été tiré, mais j'avais saisi le bras et la balle a traversé la vitre.

Ward. — Vous me faites un récit extraordinaire, Dawis, et vous avez bien fait de venir. Mais... qu'est-ce qu'il a dit ?

Dawis. — Rien. Mes hommes étaient entrés. Gordon a souri tristement. Je l'ai arrêté. Je l'ai interrogé. Il s'est tu. J'ai pensé que son colonel aurait plus de chance.

Ward. — Je l'espère. Vous me voyez très ému. Jeff Gordon s'est toujours bien conduit, très bien. Il a l'estime de tous, sauf la vôtre. Il a la mienne. Cette nuit, je l'ai chargé d'une mission.

Dawis. — Qu'il n'a pas remplie.

Ward, se levant. — Ah çà ! Dawis, vous ne savez ce que vous dites. La mission est remplie.

Dawis. — Voulez-vous, colonel, interroger le lieutenant Gordon ?

Ward. — Vous pensez ?...

Dawis, du haut de la terrasse vers le fond, fait un signe.

Dawis. — On va l'amener...

Un tout petit temps.

Ward, regardant le major bien en face et parlant avec précaution. — Dawis, ne vous froissez pas. Il s'agit d'une chose très sérieuse. Vous n'aimez pas Gordon, et, au moins sur un point, votre rapport est erroné. Vous êtes bien sûr, n'est-ce pas, d'agir sans prévention ?

Dawis, impassible. — Je vous répète, Ward, qu'il a voulu se tuer. Si je ne m'étais assuré de sa personne, il serait mort.

Ward. — C'est bien ; nous allons voir. (Par l'escalier du fond monte Jeff, suivi de deux soldats. Il paraît calme, par un grand effort de volonté. Ward, aux deux soldats.) Vous pouvez descendre. Vous attendrez au bas de l'escalier. (Les soldats saluent et sortent. Ward, sans parler, regarde Jeff pendant quelques secondes, puis, avec émotion.) Je suis désolé, Jeff, de vous revoir avec une escorte.

M. le major Dawis m'a mis au courant des circonstances qui l'ont amené à ces précautions. Pour vous-même, et votre sauvegarde, il apparaît, à première vue, qu'elles s'imposaient. Une conversation entre nous va tout mettre au point. Je l'espère, vous repartirez libre. Si quelque douleur secrète vous a poussé, vous n'oublierez pas, j'imagine, que je suis un ami, en même temps qu'un chef... Je vous l'ai prouvé, n'est-ce pas? Mais avant tout... est-ce vrai? Vous avez tenté de vous tuer?

JEFF, immobile. — C'est exact.

WARD, très sincère. — Ça me fait de la peine. Vous êtes un brave soldat, estimé. Vous avez de graves raisons?

JEFF, même jeu. — Oui, colonel.

WARD. — Il faut qu'elles le soient. On ne se tue pas si près de la ligne de feu.

JEFF. — Seule, une balle qu'on tire soi-même est sûre.

WARD. — Il est certain que vous avez toujours recherché le péril. Cette nuit, vous y avez couru? Eh bien, vous ne répondez pas?

JEFF. — Je n'ai rien à répondre, colonel. La mission importante dont vous m'aviez chargé a été remplie. L'armée, ce soir, y trouvera profit. J'ai cru, en conscience, pouvoir disposer de moi. Il s'agit, en l'occurrence, d'un sentiment intime qui m'est devenu insupportable.

Un petit temps.

WARD. — Je vous plains. Mais, mon enfant, voyons, c'est un chagrin?

JEFF. — Non, pas un chagrin.

WARD. — Alors, quoi?

JEFF, après une hésitation. — Une gêne. Colonel, vous avez été très bon pour moi... Je vous en supplie : en ce moment, vous me torturez.

WARD. — Malgré moi, Jeff, croyez-le bien. C'est mon devoir. Vous savez que je n'y manque pas... Vous me faites de la peine, mon enfant. C'est moi qui vous ai accueilli, c'est moi qui ai répondu de vous... J'ai connu votre mère... Votre désertion — car c'en serait une — m'atteindrait directement. Voyons... voulez-vous me parler et que nous restions seuls?

JEFF. — Mon colonel, je ne dirai rien de plus.

WARD, s'irritant. — Vous avez tort... (Un temps.) Vous allez me donner votre parole d'honneur de renoncer, momentanément, à ce projet, votre parole d'honneur et vous êtes libre.

JEFF, d'un trait. — Je n'ai pas de parole d'honneur.

WARD, avec plus d'impatience. — Ah ! çà, vous êtes fou!... Comment? Je vous connais, peut-être? Vous vous êtes toujours admirablement conduit. Je vous ai vu devant Gaza. Hier soir, vous êtes parti bravement.

DAWIS, intervenant. — Je vous demande pardon, colonel, le lieutenant Gordon pèse ses paroles, je l'ai remarqué. Il vous a dit que la mission avait été remplie. Il ne vous a pas dit qu'il l'avait remplie.

Ward regarde plus nettement Jeff.

WARD. — Répondez.

Un tout petit temps.

JEFF. — Je n'ai pas rempli cette mission.

WARD. — Dawis, appelez-moi Harry qui est en bas, dans sa chambre. (Dawis obéit.) Jeff, nous sommes seuls, regardez-moi bien. Je m'y connais en hommes. Je vous tiens pour un brave et pour un cerveau scrupuleux. Profitez immédiatement de ma question : avez-vous fait quelque action qui tache l'honneur?

JEFF. — Oui.

WARD, frappé. — Tant pis... Cependant, Harry ne m'a rien dit... (Dawis et Harry remontent.) Harry... Jeff n'a pas été en mission, pourquoi?

HARRY, gêné. — Mais de quoi s'agit-il? Je ne sais pas... J'allais m'endormir. Jeff a dit qu'il n'avait pas été en mission?

WARD. — Il l'a dit.

HARRY. — C'est vrai... Excusez-moi, colonel. Je n'ai pas voulu vous en parler... Cela me gênait... Il est exact que j'y sois allé seul.

WARD. — Pourquoi?

HARRY, choisissant bien ses mots. — Sur ma demande... Au moment de partir, Gordon ne m'a pas paru très maître de lui. Il était nerveux, inquiet. D'autre part, j'étais un peu jaloux; le goût du sport m'a repris. J'ai obtenu de mon camarade d'aller seul... Monsieur le major Dawis, s'il sait plus de choses, dira comme moi.

DAWIS. — Je ne dis rien d'autre.

WARD. — C'est bien. Harry, vous prendrez les arrêts dans votre chambre. Vous pouvez aller.

HARRY. — À vos ordres, colonel.

Harry se retire.

WARD, à Jeff, avec colère. — Vous aviez raison. Ce n'est guère honorable. Plût au ciel que vous méritiez les mêmes arrêts que votre camarade! Vous avez eu peur...

JEFF, frémissant. — Colonel, j'ai voulu me tuer...

WARD. — Il y a dans votre cas je ne sais quel détraquement... Je ne peux admettre qu'un homme comme vous se soit laissé déposséder d'un péril. À l'heure actuelle, vous ne direz rien. Nous en reparlerons. Dawis, reconduisez-le au camp, gardé à vue... puisqu'il le faut... Et vous, Jeff, je veux vous croire, malgré tout, digne d'estime. Vos scrupules, après votre faiblesse, le prouvent. Je ne veux pas vous accabler. Vous me direz un jour vos raisons. Allons! partez.

DAWIS. — Colonel, vous n'êtes pas au courant de tout. Votre Arabe, Aïma, a disparu.

WARD. — Comment?

DAWIS. — Je la soupçonnais, et, j'en ai la preuve, c'est une espionne. Elle a disparu. Une sentinelle a fait feu sur elle et l'a manquée. Mais avant de disparaître elle a été vue... dans un coin de la ville... elle attendait un Arabe, avec qui elle a eu une conversation... J'affirme que c'était le lieutenant Gordon.

Ward regarde Jeff avec un visage différent.

WARD, bref. — Qu'est-ce que vous avez à répondre?

JEFF. — Monsieur le major Dawis m'a-t-il vu depuis?

DAWIS. — Non.

WARD, plus bref encore. — Vous avouez avoir parlé à cette espionne?

JEFF. — Monsieur le major Dawis me croira-t-il sur parole si je continue son récit?

DAWIS. — Je vous croirai probablement. Cela dépend de ce que vous direz.

Par l'escalier du fond monte Fanny.

MISS FANNY. — Encore en conférence, colonel? C'est ainsi que vous vous reposez?

WARD. — Bonjour, miss Marwell.

MISS FANNY. — Excusez-moi, je venais voir Mary.

WARD. — Mary n'est pas là. Elle a été jusqu'à votre hôpital... Vous l'y trouverez probablement. Excusez-moi. Je vous verrai plus tard si vous le permettez. J'ai affaire à ces messieurs pour une question de service.

MISS FANNY. — Ne vous dérangez pas, colonel.

Quand Mary reviendra, vous lui direz que je suis venue.

WARD. — C'est entendu...

MISS FANNY. — Je vais me reposer alors...

WARD. — Vous le méritez bien... Excusez-moi, n'est-ce pas?

Poli, rapide, il l'accompagne quelques secondes. Pendant ce temps :

JEFF, à Dawis, très rapide. — Monsieur le major, vous savez ce que j'ai fait cette nuit?

DAWIS. — Pourquoi?

JEFF. — Avez-vous quelque motif de haine contre quelqu'un d'ici?

DAWIS. — Sauf vous, j'estime ici tout le monde.

JEFF. — Bien.

Ward revient seul.

WARD, à Jeff, brutalement. — Vous déciderez-vous à parler? Votre situation est terrible. La comprenez-vous? La plus basse, la plus abjecte des préventions vous atteint. Lavez-vous immédiatement. Êtes-vous un traître ou non?

JEFF. — Je suis un traître.

WARD, se jetant sur lui avec violence. — Quoi?

Il l'a en effet saisi une seconde, puis il le lâche avec répulsion.

JEFF, avec une énergie farouchement retenue. — Colonel, écoutez-moi, je vous en prie, écoutez-moi. Je ne me défends pas, je m'accuse. Ce qu'a dit M. le major Dawis est vrai : je n'ai pas rempli ma mission. Aïma était une espionne. Elle m'a abordé pour me proposer une trahison. Je n'ai pas hésité longtemps. Au bout d'une minute j'ai accepté de trahir. J'ai trahi. J'ai, cette nuit, au lieu de faire mon devoir, commis la plus basse des actions, mérité le dégoût des autres et de moi! J'ai trahi, vous, votre confiance, votre bonté, tout. Et ce matin j'ai voulu me tuer. Ce serait fait depuis longtemps si M. le major Dawis ne m'avait rendu le mauvais service de m'arrêter! Voilà!

WARD, accablé, avec une espèce de bouleversement, moitié à lui-même, moitié à Jeff. — Quelle horreur! quelle horreur!... C'est vous... c'est vous qui me dites cela!... Vous... que je regardais comme un fils... vous que j'ai connu enfant... vous dont j'ai connu la mère... pauvre femme!... Misérable... Ignoble cad!... Mais pourquoi? Vous savez bien que je vous aimais...

JEFF. — Je le sais. Sur le moment je n'y ai pas assez pensé... Mais ce matin... j'ai voulu... comme mon père...

WARD, sans crier. — Celui dont vous portez le nom avait plus d'honneur que vous... Vous, vous n'êtes pas digne de mourir de vous-même... (*Il se cache le visage dans ses mains.*) Quelle horreur!

JEFF, toujours immobile. — Colonel, ne m'accablez pas. Faites vite.

Ward laisse tomber ses mains et regarde longtemps Jeff avec une expression de douleur, de colère et de tristesse. Enfin :

WARD, lentement. — Oui... Oui... je vais faire vite, comme vous dites... Dawis, reconduisez cet homme au camp — et fusillez-le.

DAWIS. — Il faudrait peut-être un jugement?

WARD, avec une concentration intense, toujours sans élever la voix. — Non... Je suis un chef militaire... Il n'est pas besoin de formalités et de jugement avec l'espionnage et la trahison... (*Un temps.*) Fusillez cet homme immédiatement. Allez... (*A Jeff.*) Vous, Jeff, vous! (*Jeff le regarde, sans pâlir, avec une espèce d'affection, et sort, suivi de Dawis. Ward, seul :*) Quelle horreur!... Pourquoi

Dawis l'a-t-il empêché? Je n'aurais jamais su cela... je n'aurais jamais fait cela...

Il s'assoit et reste abîmé en lui-même. Par la petite porte entre Mary Ward.

MARY WARD, à part. — Il n'était pas au camp!... Je n'ai rien osé demander... Qu'est-ce qu'il fait? Où est-il? (*Ward ne bougeant pas, elle fait deux pas vers lui et doucement l'interpelle*) Georges...

WARD, reprenant contact avec l'extérieur. — Ah! c'est vous, Mary... excusez-moi... Je ne vous avais pas vue venir.

MARY WARD. — Que vous arrive-t-il?

WARD. — Rien... Je pensais à un soldat...

Il se lève et va vers le fond. Il donnera les plus prochaines répliques, en marchant pensivement.

MARY WARD. — Vous êtes resté seul?

WARD. — Non.

MARY WARD. — Vous avez vu le lieutenant Gordon?

WARD, sans intonation. — Oui.

MARY WARD, à elle-même. — Dieu soit loué!

WARD, redescendu vers elle, faisant effort pour sortir de ce qui le hante. — Eh bien, comment êtes-vous maintenant?

MARY WARD. — Mieux, merci...

WARD. — Allez tout de même vous reposer.

MARY WARD. — Peut-être oui. J'en aurais besoin... (*Elle remonte vers sa chambre.*) Mais vous-même?

WARD. — Moi... Oh! non, non. (*Il a repris sa marche.*)

MARY WARD. — Qu'est-ce que vous avez?

WARD, vaguement. — Rien.

MARY WARD, redescendant. — Je vous en prie? Vous paraissez accablé.

WARD. — Je le suis vraiment.

MARY WARD, inquiète. — Et pourquoi? Une raison privée? personnelle?

WARD. — Oh! non, non, du tout. Il s'agit d'une question militaire.

MARY WARD, rassérénée. — Alors, je n'insiste pas...

Elle va remonter.

WARD. — ...Exclusivement militaire. Mais accablante pour un soldat...

MARY WARD. — Vous vous exagérez peut-être?

WARD. — Non. Il s'agit, malheureusement, d'une chose certaine. Oh! je vais vous la dire, bien que j'en aie honte... Quelqu'un de mon régiment a trahi...

MARY WARD, avec répulsion. — Qu'est-ce que vous dites? Est-ce possible?

WARD. — Hélas! Tout ce qu'il y a, en moi, de fierté, d'honneur, se rebelle. Je suis effondré.

MARY WARD, bien sincèrement. — Je le conçois.

WARD. — ...J'ai donné l'ordre de fusiller ce malheureux! Triste besogne et triste consigne.

MARY WARD. — Rien de plus douloureux. Mais votre devoir et votre droit s'imposent. Il y a certitude? Il y a eu enquête?

WARD, douloureusement. — Mieux. J'ai l'aveu formel.

MARY WARD. — Dans ce cas!

WARD. — Oui. Je m'irrite contre moi-même. Je m'accuse de sensibilité déplacée.

MARY WARD. — Ne vous accablez pas de punir un criminel. Votre conscience l'ordonne. S'il y a des fautes qui méritent beaucoup de pitié, elles ne sont pas de cette nature.

WARD. — Vous avez raison. Encore quelques instants... un quart d'heure peut-être... et cet homme, actuellement beau de jeunesse et de vigueur... sera mort dans l'ignominie! C'est terrible! Je le tenais pour un brave ! Je l'aimais un peu comme un fils...

MARY WARD, soudain blême. — Qu'est-ce que vous dites ?

WARD. — Et il m'a avoué, là, qu'il avait trahi... bassement, ignoblement, sur la proposition d'une espionne — quelle honte ! — votre Arabe Aïna.

MARY WARD, chancelante. — Quoi ?... qu'est-ce que vous dites ?... Le nom ? le nom de cet homme ?... (Elle jette un cri terrible.) Ah ! ne le dites pas ! ne le dites pas ! Je le lis sur votre bouche ! (Avec une espèce de frénésie ardente.) Mais c'est faux ! c'est faux ! Rien n'est plus abominablement faux ! Il vous a dit qu'il avait trahi ! Et vous l'avez cru ! Et de quel droit, d'abord... de quel droit le fusiller ? Qui l'a condamné ! Quel tribunal ? Vous ! cela ne suffit pas !

WARD, bondissant vers elle. — Comment ! Vous me disiez « si » tout à l'heure.

MARY WARD. — Je ne savais pas que ce fût le lieutenant Gordon !

WARD. — Et maintenant, comment le savez-vous ?

Ils sont face à face comme deux combattants. Un temps.

MARY WARD, hors d'elle. — Vous m'avez menti, n'est-ce pas ! Dites-moi que vous m'avez menti ?... Non, vous ne m'avez pas menti ! Ah ! malheureuse ! malheureuse ! Mais hâtez-vous ! Courez ! qu'est-ce que nous faisons là ? Sauvez cet homme... (Ward la regarde, convulsé, sans répondre. Mary Ward, farouche :) Si on le fusille, je meurs.

WARD, à voix basse. — Misérable !

MARY WARD. — ...Au nom du ciel, hâtez-vous ! Sauvez cet homme ! Après, vous déciderez de moi. Il ne m'a pas quittée de la nuit. Son aveu est un mensonge, une transposition folle de son honneur ! Hâtez-vous ! Hâtez-vous !

WARD, penché sur elle, dans une série d'ordres brefs. — Parlez, parlez ! Dites tout, vite, vite...

MARY WARD. — Hâtez-vous !

WARD, despotiquement. — Parlez...

MARY WARD, avec désespoir. — Je l'aime ! Hier soir, j'ai eu peur de le perdre. Vous le destiniez à la mort avec une désinvolture de soldat. J'ai envoyé Aïna pour qu'il revienne me dire adieu !...

WARD, avec violence. — Assez ! assez ! (Avec une ironie furieuse.) Il vous a dit adieu. Il vous a dit adieu ! Qu'est-ce qu'il vous faut de plus ?... Vous, vous aviez un amant !

MARY WARD, même jeu, avec une véhémence désespérée. — Il n'est pas mon amant, il ne l'a jamais été ! Pas même cette nuit ! Vous entendez ? Pas même cette nuit ! Je vous dirai de quoi il s'agit, de quel amour ! Je vous expliquerai. Je l'aimais avant vous. Je n'ai jamais aimé que lui, mais je n'ai jamais appartenu qu'à vous... je vous le jure... sur ma vie...

WARD, avec emportement. — Assez ! Ce que vous dites désormais ne m'importe pas ! Il faut le sauver, oui, il faut le sauver. Mais pas pour vous. Quoi qu'il arrive, vous ne reverrez plus le lieutenant Gordon, même si vous ne me l'avez pas fait assassiner...

MARY WARD, se tordant les mains. — Hâtez-vous, au nom du ciel, hâtez-vous !...

WARD, avec violence. — Taisez-vous. (Il saisit l'appareil téléphonique. Une ou deux secondes, il s'arrête. Il regarde sa femme. Enfin, il parle.) Allô... Lixin... c'est vous ? Ici, colonel Ward... Le major Dawis... Où est le major Dawis ?... Quoi ? (Il écoute. Un temps. Il crie.) Lâchez l'appareil, courez, courez immédiatement... qu'on arrête l'exécution... courez, je vous dis, courez... (A sa femme.) Malheureuse ! (Il regarde farouchement Mary Ward.) Que ferez-vous s'il est trop tard ? (Mary Ward ne répond rien, dans une inexprimable terreur. Elle est à genoux. On ne sait plus si elle écoute, si elle prie, si elle va tomber morte. Ward, à l'appareil.) Allô... Lixin ? (Il écoute. Son expression contractée ne donne aucune indication. Enfin, il parle.) Bien... Écoutez-moi : au rapport immédiatement, tous les officiers... Je dis : tous... Oui... Lui aussi... mais libre !... Libre, je vous dis... mais qu'on ne le quitte pas des yeux... Oui, immédiatement... (Il raccroche l'appareil. Mary Ward, délivrée de l'angoisse immédiate, s'écroule. Ward se lève, passe devant elle, gisante comme les blessés qu'il a vus si souvent. Il se penche. Toute sa tendresse efface lentement sur son visage les traces de la colère. Il n'y a plus que la douleur. Il n'y a plus que la pitié. Il relève Mary Ward, la porte sur le divan. Elle a rouvert les yeux... Ward, lui prenant la main.) Et maintenant, j'écoute... Expliquez-moi... J'écoute.

Et il attend le récit qu'elle va lui faire, qu'il doit entendre.

RIDEAU

Mary Ward : « Hâtez-vous, au nom du ciel ! »

Mary : « Chacun a sa blessure... » (page 26).

ACTE IV

JÉRUSALEM

Une terrasse couverte et voûtée dans un vieux monument. Les murs de chaque côté sont d'un jaune rouge, comme ceux que le soleil a longtemps cuits. Au fond, dans toute la largeur, une baie ogivale, par laquelle on découvre la ville et le ciel de Jérusalem. Pleine lumière d'un jour glorieux, presque éblouissante encore au lever du rideau. Elle s'éteindra en pourpres dégradées vers la fin de l'acte. Dehors, des cris et des traînées de musique militaire.

Jeff, en tenue réglementaire de service, marche pensivement. Les deux soldats anglais, sur un petit feu de fortune, font bouillir de l'eau.

1ᵉʳ SOLDAT. — Allô... mon vieux... tu vois... l'eau bout. Verse-la sur le thé.

2ᵉ SOLDAT. — Voilà... Ça, c'est une sensation. Quand nous serons de retour en Angleterre, si l'on me demande de raconter l'entrée britannique à Jérusalem... je répondrai : « Ce jour-là j'ai fait le thé... comme les autres jours. » Et j'en serai très fier. La vraie force, c'est de rester toujours pareil à soi-même.

1ᵉʳ SOLDAT. — Tu parles bien et tu as raison... Là, le thé est fait...

2ᵉ SOLDAT. — Lieutenant, voici votre thé. Il est sucré.

JEFF, prenant la boisson. — Merci, John...

Il boit doucement.

1ᵉʳ SOLDAT. — Le lieutenant Jeff, ça, c'est un chic type. Muet, correct. C'est un vrai Anglais. Pas vrai ?

2ᵉ SOLDAT. — Oui, mais il est un peu triste.

1ᵉʳ SOLDAT. — Il est neurasthénique : c'est un vrai Anglais, je te dis. (A Jeff.) Il était bon, lieutenant ?

JEFF. — Excellent, John. Merci.

1ᵉʳ SOLDAT. — Ah ! il faut ça. Ça remonte un homme.

Entre miss Fanny.

JEFF, allant vers elle, avec une interrogation inquiète. — Eh bien ?

MISS FANNY. — Il s'est levé.

JEFF, contrarié. — Oh ! Il a eu tort...

MISS FANNY. — Certainement. Mais comment l'empêcher ? Cette nuit, il a déliré, il a eu de la fièvre. C'est ennuyeux. Après vingt jours, une blessure à la tête devrait se comporter mieux...

JEFF, la regardant. — Vous êtes inquiète ?

MISS FANNY. — Non. Le colonel Ward est robuste. Il s'en tirera...

JEFF, avec une ardeur contenue. — Souhaitons-le, mon Dieu !... J'aurais une grande douleur, je vous assure, si...

MISS FANNY, le regardant. — Je le crois, monsieur Gordon.

JEFF. — C'est la vérité. Je ne peux vous dire ce que j'ai souffert, à cette attaque, quand je l'ai vu tomber. J'étais près de lui. C'est toujours ainsi. Ce sont les meilleurs... Moi...

MISS FANNY. — Ne vous calomniez pas. Vous n'avez plus ici que des amis, monsieur Gordon. Tous vous sont revenus, même Harry...

JEFF, avec une ironie douloureuse. — Je ne suis pas... mauvais. J'ai une destinée lourde, voilà tout. Je la vivrai jusqu'au bout. Je commence à croire que ce sera long. La mort ne veut pas de moi, miss Fanny.

MISS FANNY, avec bonté. — Elle a raison. La vie vous deviendra meilleure, vous verrez.

JEFF. — Non...

MISS FANNY, un petit temps. — Vous souffrez beaucoup, n'est-ce pas? A moi, vous pouvez dire. Vous savez que je sais...

JEFF, profond. — Je souffre beaucoup, oui. Et l'évasion est impossible. Le colonel Ward a pris ses précautions. Il m'a emprisonné dans le devoir militaire. C'est une belle prison. J'y resterai jusqu'au bout. Mais, voyez-vous, (Sa voix s'altère.) j'ai une hantise là, dans le cœur, et je souffre abominablement...

MISS FANNY. — Il ne faut pas. Je ne suis rien chargée de vous dire. Je n'ai aucune mission. Mais je... lui parle souvent... à elle! Vous vous êtes très noblement évités tous les deux. Il le fallait, c'était le devoir... mais vous avez une belle place dans sa pensée.

JEFF, avec un sourire poignant. — Je sais... je sais...

MISS FANNY. — Vous voyez, le colonel Ward, lui-même...

JEFF, net. — Le colonel Ward a eu tort de ne pas me faire fusiller, je ne méritais pas autre chose.

> Entre Harry, venant de la ville.

HARRY. — Bonjour, Jeff.

JEFF. — Bonjour, Harry.

HARRY, à miss Fanny. — Eh bien?

MISS FANNY. — Il ne va pas mal... plutôt mieux...

HARRY, content. — Dieu soit loué. C'est une triste chose d'être un blessé ou d'être de garde à l'hôpital, un jour pareil. Il y a eu aujourd'hui, je vous l'assure, de quoi réjouir un homme, dans Jérusalem. A vous, Jeff, qui êtes un brave soldat, ce spectacle vous eût doré l'âme. Et notre colonel, sur son beau visage, aurait eu, d'orgueil, une crispation! Nous avons délivré Jésus-Christ... Et ce qui fut chic, ce fut l'absence de mise en scène. Notre général s'est rappelé que Dieu était entré sur un âne. A cheval, c'eût été trop d'orgueil; notre général est entré à pied, comme un pèlerin. A sa droite il avait le colonel français. Nos hommes rayonnaient d'une espèce de gravité satisfaite et la foule, tout autour de nous, se mouvait avec sympathie. Et ça vous avait de la couleur! Quelques sales têtes de Turcs fermaient leurs yeux comme des couteaux. Les drapeaux alliés dansaient dans le ciel bleu... (Il lui met avec sympathie la main sur l'épaule: il le regarde loyalement.) Voyez-vous, Jeff, nos petites misères particulières s'éparpillent. Nos fautes s'effacent. Remercions le Destin qui nous a marqués pour achever les Croisades... et ne pensons plus à nous-mêmes.

JEFF. — Il y a longtemps que je ne pense plus à moi-même, Harry. Je ne suis plus rien qu'un pauvre soldat qui suit sa route.... It's a long way...

HARRY. — Allons, allons, Jeff... courage, garçon. Tout arrivera, même la paix — et l'oubli...

> Jeff, à nouveau, pâlit un peu : Mary Ward vient d'entrer.
> Harry se retourne vers sa sœur. Jeff reste en place,
> saluant militairement lady Ward.

MARY WARD, à son frère. — Ah! vous êtes là? Tant mieux. Justement, il vous demandait...

HARRY. — Comment va-t-il?

MARY WARD. — Vous allez voir. Beaucoup mieux, je crois.

HARRY. — Je vais lui porter les nouvelles.

MARY WARD. — Allez, mais ne le fatiguez pas trop...

HARRY. — Soyez tranquille.

> Il sort à droite.

MARY WARD. — Je suis très inquiète.

JEFF. — Vraiment?

MARY WARD. — Oui. Il a trop d'éclat dans le regard. Une espèce de fièvre mystérieuse qui ne répond pas exactement à l'état de sa blessure. Et puis il s'agite... Il a demandé à plusieurs reprises le major Dawis.

JEFF. — Il va certainement venir.

MARY WARD. — D'habitude il ne le demande pas. Enfin, je ne sais ce qu'il a... mais je suis inquiète... Lixin n'est pas là?

MISS FANNY. — Le docteur, il doit être en bas, dans la pharmacie.

MARY WARD. — Il faut le faire chercher.

MISS FANNY. — J'y vais...

> Elle sort à gauche; ainsi Jeff et Mary se trouvent isolés.
> Jeff fait quelques pas qui l'éloignent d'elle et Mary,
> de son côté, se dirige vers la sortie de droite pour
> rentrer dans la chambre de Ward. Prête à y entrer,
> elle se ravise, se retourne et fait un pas vers Jeff.

MARY WARD. — Jeff...

JEFF, son visage devient douloureux. — Mary, je vous en prie, ne me parlez pas...

MARY WARD. — Pourquoi? J'ai deux inquiétudes...

JEFF. — Vous n'avez le droit que d'en avoir une.

MARY WARD, le regardant bien. — Jugez-moi assez bien pour croire que celle dont vous me parlez est la première... mais l'autre compte aussi.

JEFF. — Il ne faut pas.

MARY WARD, avec une émotion contenue sous la noblesse. — ... Jeff... connaissons-nous bien. Au fond de nos deux cœurs, et dans nos pensées, il n'y a rien que de très hautain, et nous sommes dignes l'un de l'autre... Vous ou moi, et tout de suite, nous donnerions notre vie pour le colonel Ward. Nous souhaitons ardemment qu'il guérisse. Dans aucun cas nous ne serons réunis et nous le savons... Mais... il y a l'idée... il y a l'âme... cela est libre. Je vous garde toujours, Jeff, ce qu'il y a de libre en moi. Que cela vous suffise pour ne pas vous sentir seul.

JEFF, bouleversé. — Cela me suffira, je vous le promets. Moi aussi, je suis où vous êtes, toujours.

MARY WARD, profondément. — Bien, Jeff, bien.

> Elle entre chez son mari. Jeff reste seul. Il y a dehors
> des traînées de musique militaire. Reviennent Lixin et
> Fanny, ils traversent la scène et sortent comme Mary
> Ward. Entre le major Dawis. Jeff et lui se saluent
> militairement. La musique ne s'éteint qu'un peu après.

DAWIS. — Je ne savais pas que vous fussiez de garde aujourd'hui?

JEFF. — Je ne le suis plus depuis cinq minutes, monsieur le major. C'est le lieutenant Harry, maintenant, mais il est chez le colonel.

DAWIS. — Comment va le colonel?

JEFF. — Il vous a demandé tout à l'heure.

> Revient Harry.

HARRY, à Dawis. — Ah! bonjour, monsieur le major. Je vais dire à mon beau-frère que vous êtes là.

JEFF. — Harry, c'est à vous la garde?

HARRY. — Oui.

JEFF. — Alors... si vous le permettez... Mais voici justement les hommes.

En effet, deux nouveaux soldats anglais sont arrivés ; les deux autres passent la consigne. En même temps, ils recommandent la théière. C'est une espèce de pantomime muette, mélangée d'austérité et de comique. Entre, par la droite, le colonel Ward. Il est en tenue, dégrafé ; la tête est entourée d'un bandeau. Il est pâle. Il a beaucoup de tenue. Il est appuyé sur une canne.

WARD. — Bonsoir, messieurs... Oui, c'est moi... Vous le voyez, je marche seul, sans éblouissement... Ça va bien... (Un temps.) Ça ira bientôt très bien. Je n'aurai plus du tout besoin d'un guide... Lieutenant Jeff, où alliez-vous ?

JEFF. — Ma garde est finie, colonel. Je partais...

WARD. — Avant très peu de temps... j'aurai à vous parler... Veuillez ne pas quitter l'hôpital... je vous rappellerai... avant très peu de temps. Harry, voulez-vous descendre avec Jeff ?... Nous vous remplacerons... Mon vieil ami Dawis va rester près de moi... (Gravement.) J'ai à vous parler, Dawis.

HARRY. — A vos ordres, colonel. (Puis :) Tenez, mon grand frère, installez-vous dans ce fauteuil. Ne soyez pas imprudent... Ne vous fatiguez pas trop...

Il lui serre la main tendrement et sort avec Jeff.

DAWIS, amical et soldat. — Vous voulez me parler seul, Ward ? Je suis à vos ordres.

WARD, le regardant. — A mes ordres ? Je ne donne plus et je ne donnerai plus jamais d'ordres, Dawis !

DAWIS. — Et pourquoi donc ?

WARD. — Chut !... Laissez cela tranquille, voulez-vous, Dawis ? Est-ce que vous vous rappelez le soir où j'ai voulu accueillir parmi nous le lieutenant Gordon ?...

DAWIS. — Je me le rappelle ! (Un tout petit temps.) Vous ne m'avez pas, hélas ! cru, ce soir-là.

WARD. — Hélas ? Pourquoi hélas ? Est-ce que vous persistez à trouver cet officier indigne ?

DAWIS, loyal. — Non. Je vous dirai même qu'il m'étonne. Il vaut mieux que son père ! Je l'ai vu devant le péril. Il était bien. Sur la route, entre Bir-el-Seba et Jérusalem, il ne s'est jamais ménagé. Il a des qualités. Mais... tout de même...

WARD. — Tout de même ?

DAWIS. — S'il vous plaît de lui garder une incompréhensible mansuétude... je lui en veux davantage : je vous aime bien, Ward.

Un tout petit temps.

WARD, il parle, assis, en regardant devant lui. — Il ne m'a pas fait de mal. Il n'est responsable d'aucune des choses que vous savez imparfaitement. Moi, je suis responsable. Je vais mourir, Dawis... Chut ! croyez-moi. Eh bien, d'où je commence à être, on voit de plus loin... Dieu calcule. Rappelez-vous cela, et nous sommes des chiffres... Toute destinée est un théorème que nous ne savons pas démontrer. La loi suprême est l'équilibre !... Jeff Gordon devait m'apporter une douleur d'amour ! Celui dont il porte le nom... est mort désespéré par moi... (Un temps.) La dernière faute que j'ai commise a été de croire une seconde que cet enfant avait trahi... autrement qu'il ne l'a fait. Il ne pouvait pas trahir autrement. Vous avez raison sur la loi de l'hérédité... J'ai connu sa mère. C'était la plus noble des femmes. La plus pure, vous m'entendez bien... et moi j'étais un honnête homme... et, cependant, nous avons trompé quelqu'un, — un être qui, certainement, ne nous valait pas, mais qui avait des droits...

DAWIS, bouleversé. — Est-ce que vous voulez dire, Ward, que Jeff Gordon est... votre...

WARD, regardant plus loin encore. — Oui... c'est bien cela que je vous dis ! — Et maintenant il n'y a plus, au monde, que vous et moi qui le sachions. Et, bientôt, vous serez le seul.

DAWIS, même jeu. — Pourquoi me dites-vous cela, Ward ?

WARD. — Parce qu'il faut que je le dise à quelqu'un. Même à Jérusalem, et si proche que soit du Calvaire le pauvre fauteuil dans lequel je suis assis, je ne crois pas complètement aux Révélations. Mais, ce dont je suis sûr, c'est qu'il ne faut pas partir avec un bagage de fautes secrètes. Où qu'on aille, on voyagerait mal...

Un grand temps.

DAWIS, gravement. — Ward, que devrai-je faire de ce que vous me dites ?

WARD. — Rien ; le taire.

DAWIS. — C'est entendu...

Un temps.

WARD, même jeu toujours. — Vous le voyez, si honnête qu'il soit, si proprement qu'il ait vécu, si bon soldat qu'il ait été, le colonel Ward avait quelque raison d'être moins rigoriste que vous.

DAWIS, mélancolique. — J'ai peut-être tort de l'être, Ward.

WARD. — Non. On est comme on est. Comme on peut-être ! Tout est beau. Je vous dis que Dieu calcule. Mais nous ignorons son algèbre...

Un temps.

DAWIS. — Ward !... Je ne crois pas que vous allez mourir. Non, je ne le crois pas. Alors, qu'arrivera-t-il ?

WARD, avec un sourire. — Vous ne le croyez pas ?... Alors, c'est que Dieu se sera trompé dans ses additions, mon ami. Mais, croyez-moi, il fera la preuve. (Il se lève avec agitation.) Dawis... Le lieutenant Jeff était ici tout à l'heure... Allez me le chercher... Dites-lui que je le demande et qu'il revienne immédiatement... Ah ! voici le docteur... Allez. Dawis, allez... et je vous en prie, en dépit de votre pessimisme... hâtez-vous...

DAWIS. — Mon pessimisme ?...

WARD, souriant. — Oui, puisque vous croyez que je vais vivre... Allez, allez...

Dawis obéit. Entrent Runwo, Mary Ward et miss Fanny.

RUNWO. — Il s'est levé ! Vraiment, je ne le croyais pas. Mais, colonel, alors, vous êtes donc guéri ?

WARD. — Vous le voyez, je suis guéri ! Mary, pourquoi avoir été chercher Runwo ? Croyez-vous qu'un Runwo serve à quelque chose ?... A rien du tout. Vous le voyez, je suis guéri : il vient de me le dire.

RUNWO. — Vous n'êtes pas guéri, colonel, mais vous allez beaucoup mieux. Pourtant, vous avez la fièvre, vos yeux brillent trop ; il faut vous recoucher.

WARD. — Je ne veux pas me recoucher, Runwo...

RUNWO. — Pourquoi ?

WARD. — J'attends quelqu'un... et puis j'attends aussi une autre personne... à qui j'ai à parler... et puis ma femme ? Où est ma femme ?... Ah ! vous êtes là, Mary. Je ne vous voyais pas... Et puis Gordon... où est Gordon ? Il est mort depuis si longtemps... Pauvre homme !... Allons, allons, je veux qu'on me laisse seul. Je le veux.

Il a une espèce de prostration, de disparition de la pensée, il reste immobile comme un marbre.

RUNWO, à voix basse. — Le mieux est de le laisser...

sans qu'il s'agite. Sa tête bout. Venez, miss Fanny. Je vais préparer quelque chose.

Ils sortent tous les deux.

WARD, *un grand temps.* — Ah!... oui... je sens... je sens... c'est votre main qui est là... Mary? Donnez-la-moi bien pour la dernière fois... et laissez-moi vous parler, maintenant que ma tête m'est bien revenue... *(Avec une espèce de gravité passionnée et un peu haletante.)* Mary... j'ai beaucoup de respect... beaucoup de tendresse pour vous... toujours... Je veux vous le dire, avant de vous quitter. Que la pensée survive, la mienne vous sera douce, je vous le jure. Si vous avez mal fait, vous avez dû souffrir, car vous êtes une noble femme. Près de mon chevet, je vous ai épiée: vous étiez toujours penchée avec angoisse et toute votre âme voulait me sauver... Et cependant, n'est-ce pas, ce n'est pas moi que vous aimez?

MARY WARD, *avec une tendresse profonde.* — De quoi vous inquiétez-vous? Occupez-vous de vous guérir... Mon mari, blessé à l'ennemi, me sera plus cher que jamais. Vous ne lirez que du dévouement dans mes yeux... Guérissez vite et ne voyez en moi que votre compagne dévouée, — je vous l'assure, très dévouée!

WARD, *une autre voix plus profonde encore.* — Mary, vous me l'avez dit, vous aimez le lieutenant Gordon...

MARY WARD, *lui tenant la main.* — Je vous en prie... chacun à sa blessure. Ne vous agitez pas... Laissez venir le temps.

WARD. — Il est venu, Mary... Mais... ah! le voilà. Dieu soit loué, le voilà. *(Amené par Dawis, Jeff Gordon vient d'entrer. Il reste immobile à quelques pas. Dawis s'éloigne et reste vers le fond, dans l'embrasure qui ouvre sur la ville. Ward, regardant Jeff :)* C'est vous, mon enfant?

JEFF, *très bouleversé.* — Mon colonel...

WARD. — Approchez-vous. *(Il se lève un peu hagard.)* Je ne vois plus très bien... ou j'y vois mieux, je ne sais plus... Tout est beau aujourd'hui... Je suis entouré d'une lumière magnifique... Il est très facile de mourir, quand on est content de soi... *(Une immense émotion l'étreint.)* Mary... je sais que vous seriez restée près de moi, fidèlement... Mais je m'en vais... J'emporte vos devoirs... *(Il se reprend.)* pas tous, non, pas tous: on n'a jamais fini d'avoir des devoirs! Jeff... voici mes ordres... les ordres de votre colonel. *(Sa voix s'affermit.)* Ne vous ménagez pas. Cherchez le danger toujours... Soyez un soldat sans faiblesse... un brave... un homme... *(Ses forces le trahissent, mais il se dresse davantage encore.)* Adieu, ma femme. Adieu. Je vous ai bien aimée... Retournez là-bas, chez moi, en Angleterre, et attendez... Quand il sera revenu... le lieutenant Gordon pourra se présenter devant la veuve du colonel Ward. Adieu...

Il meurt.

JEFF, *à voix basse, hors de lui-même.* — Qu'arrive-t-il ?...

MARY WARD, *très grande.* — Il est mort. Adieu, Jeff, ou au revoir, si Dieu le veut... Allez...

Jeff baise la main du colonel, s'éloigne de deux pas en dominant sa douleur, salue militairement Mary Ward qui le regarde et sort. Elle s'agenouille et le rideau descend lentement, tandis que dans la ville, au loin, passe une musique de cuivres.

RIDEAU

M. PIERRE FRONDAIE.
Photographies Bert.

La *Maison cernée*, au Théâtre Sarah-Bernhardt.

VOILA une pièce dont l'infortune aura été singulière et qui est, sans aucun doute, destinée aux plus justes revanches. Le soir de la répétition générale, alors que, l'intrigue solidement nouée, le public était « pris », la principale interprète, Mme Michelle, qui s'était déjà, aux répétitions, donnée à cette œuvre avec un dévouement, un enthousiasme, un abandon complet de tout l'être, glissant insensiblement de la fiction à la réalité, s'évanouit en scène.

C'était au second acte, alors que l'ardente et pitoyable héroïne de ce drame, aux prises avec la plus menaçante fatalité, se débat parmi ses faiblesses. L'angoisse qui, visiblement, doit la gagner et l'étreindre de plus en plus, et à laquelle tous les spectateurs participent peu à peu, est telle que cet évanouissement put, sur l'instant, passer pour un jeu de scène. Sans doute est-ce là pour un auteur un exceptionnel et cruel triomphe. On ne tarda pas d'ailleurs à être exactement renseigné. Le médecin de service apparaissait ; le rideau fut baissé. Un entr'acte imprévu permit à l'émotion commune de s'alléger. Quelques minutes après, le spectacle était repris ; et Mme Michelle soutenait jusqu'au bout, avec une fiévreuse vaillance, son interprétation.

Sa naturelle énergie et sa ferveur pour cette œuvre accrurent ses forces de résistance et, dès le lendemain, elle semblait en état d'incarner lady Ward durant toute une longue carrière ; il n'en était rien ; après quelques soirées, Mme Michelle devait céder son rôle à l'une de ses camarades, Mlle Cézanne, qui s'acquitta au mieux de cette lourde tâche. Et néanmoins, l'auteur et la direction du théâtre, d'un commun accord, décidaient dans ces conditions de suspendre en plein succès la première série de ces représentations, en attendant le rétablissement de l'artiste qui avait, la première, animé de son souffle l'héroïne de *la Maison cernée*.

*
* *

Mais il n'y avait cependant aucune raison de retarder la publication d'une œuvre qui a produit un si vif effet sur la scène du théâtre Sarah-Bernhardt. Même les critiques rebelles à ce théâtre tout en action et qui croient que les ouvrages fondés sur une situation — ou sur des situations, car ici il y en a plusieurs et qui se succèdent, s'enchaînent, se commandent avec rapidité — qui croient,

donc, que ces ouvrages ne peuvent suivre le mouvement de la vie et fidèlement refléter les passions, même ces critiques n'ont pu nier l'impression de vigueur et l'émotion qui se dégage de ces quatre actes.

Cette impression de vigueur n'est point atténuée par la lecture et la même émotion se dégage de ces feuillets. On est, en outre, frappé ici par la netteté, la concision de ce dialogue, une concision précise, exacte et sans la moindre sécheresse. Car cette prose est d'un poète.

N'est-ce pas au Théâtre Sarah-Bernhardt même, et par Mme Sarah-Bernhardt elle-même, que M. Pierre Frondaie fit recevoir, il y a quinze ans, bien avant son *Montmartre* (1) et sa *Blanche Caline* (2), bien avant ses adaptations de *la Femme et le Pantin* (3) et de *l'Homme qui assassina* (4), une pièce en trois actes, en vers, *la Nuit perverse*, qui était son premier ouvrage. Cette pièce, d'ailleurs, ne fut pas représentée, mais *Rose Flamberge* du même auteur, qui lui succéda et qui fut jouée par les Escholiers, était également en vers. Et depuis, M. Pierre Frondaie a publié ses *Pierres de Lune* pleines de chatoiements, son claironnant *Prélude aux poèmes du Coq*, où nous lisons — daté du 7 août 1914 — cet hommage à l'Angleterre :

O Nation, qui, par ses deux îles, ressemble
A deux navires fiers qui vogueraient ensemble,
Maîtresse de la mer, Impératrice d'or
De l'Egypte qui rêve et de l'Inde qui dort,
Ruche des cuirassés, Rempart de courtoisie,
Chaise illustre des flots par Neptune choisie,
Phare de liberté, Matrice des marins,
Loyal royaume, ayant, près de ses souverains,
Le peuple qui gouverne et l'élite qui juge,
Etoile des rochers et des plages, Refuge
Suprême des bannis, Banc des traditions,
O Toi, la plus illustre entre les nations,
Victorieuse lente, Aïeule solitaire,
Et Cuirasse aujourd'hui de l'Honneur, - Angleterre!

Plus récemment, ayant ingénieusement observé que ce n'était plus désormais pour les Allemands *die Wacht* mais *die Nacht am Rhein*, M. Pierre Frondaie a composé une orageuse *Nuit sur le Rhin*.

Dans ce dernier poème, écrit comme le précédent en pleine tourmente, M. Pierre Frondaie donne libre cours à son imagination créatrice d'images audacieuses, amoureuse des hardiesses et des contrastes romantiques.

Cependant le poète qui va, jusque

---

(1) Publié par *L'Illustration*, 10 déc. 1910.
(2) *Id.*, 6 septembre 1913.
(3) *Id.*, 11 février 1911.
(4) *Id.*, 22 mars 1913.

dans le plus beau désordre, rechercher des effets de l'art, sait se discipliner quand il écrit, en prose, pour la scène.

*
* *

Avant de rendre compte de cette pièce, dans *Comœdia*, M. Fernand Gregh nous a, de son côté, dit avec beaucoup de verve ce qu'il pense de leur auteur :

« Qu'on en prenne son parti : chaque génération remplit tour à tour tous ses cadres, et les grands premiers rôles y doivent être tenus comme les autres. De même que, selon une profonde observation de Barrès, il faut bien qu'il y ait un président de la Cour des Comptes ou un président de la Cour de Cassation parmi ces hommes avec qui nous avons pu jouer enfants au collège, de même il faut aussi que, dans les lettres et, en ce qui nous occupe ici, au théâtre, il y ait, dans chaque nouvelle génération, de ces meneurs du jeu autour de qui pullulent les légendes, les haines, les envies, les discussions et les admirations, et qui concentrent sur eux les lumières de la rampe. A travers les vicissitudes de son existence agitée, depuis plusieurs années M. Pierre Frondaie me paraissait marqué pour être un de ceux-là. J'en suis plus sûr encore depuis que j'ai vu jouer *la Maison cernée*. Devant cette magnifique chambrée du théâtre Sarah-Bernhardt, sous les yeux de l'illustre tragédienne qui semblait « recevoir », à la faveur même de l'incident émouvant et touchant qui a marqué la représentation — cet évanouissement d'une femme délicieusement faible, plus féminine même en sa faiblesse, et qui s'est réveillée pour jouer admirablement et pour nous donner un frisson que bien peu de comédiennes savent communiquer, celui de la vérité absolue et comme nue — on respirait l'atmosphère des grands soirs d'autrefois, des premières représentations qui ont laissé un souvenir éblouissant aux contemporains d'Emile Augier, de Victorien Sardou et d'Alexandre Dumas.

» D'autres seront les poètes dramatiques de notre époque, d'autres ses fantaisistes, ou ses grands rieurs, ou ses penseurs au théâtre. M. Pierre Frondaie sera pour nous *l'homme de théâtre* lui-même, le maître de son art, le technicien infaillible qui sait et qui réalise. Et sa technique a sa particularité : elle est marquée par quelque chose de crêté, de cambré ; elle serre un peu les dents ; elle vise et atteint à une réelle distinction, non sans un peu de sécheresse, et sa brutalité originaire se mue en une extrême puissance nerveuse. L'art dramatique de M. Frondaie, c'est l'athlète qui, malgré ses muscles vigoureux, garde ses lignes, et qui, sans un atome de graisse, tout en substance de sport, demeure presque gracile en sa force. C'est Carpentier.

» On dira : « *La Maison cernée* manque de psychologie. » Pardon. Dites que la psychologie de M. Frondaie n'est pas particulière, qu'elle ne fouille pas, qu'elle ne s'attarde pas à des recherches ; elle est la psychologie normale, elle est la moyenne humaine transportée sur les planches, avec les faiblesses et les vertus ordinaires de l'homme, qui par leurs combinaisons suffiront à faire du pathétique encore pendant de longs siècles. Alors, insistera-t-on, c'est de style que M. Frondaie manque. Point du tout. Le style de M. Frondaie dans *la Maison cernée* est excellent. Pas un mot d'emphase, pas une épithète qui ne soit utile et juste, des phrases rapides et chargées de sens, une sobriété, enfin, égale à celle qui caractérise l'art de la principale interprète. C'est un de nos très bons styles de théâtre. »

M. Fernand Gregh analyse alors la pièce en détail et, arrivant à la scène capitale du troisième acte, dit :

« C'est là du très bon, du très beau théâtre. Nous avons senti passer le souffle des grandes situations *extraordinaires*, celles qui vont émouvoir en nous, à la faveur de l'étonnement, les profondeurs dormantes des passions. »

Il paraît évident à M. Robert de Flers, grand maître de la technique théâtrale, que M. Pierre Frondaie avait, cette fois, formé le projet d'écrire un drame dont rien ne viendrait alourdir, même en l'embellissant, la marche rapide et décidée.

« Il a rempli rigoureusement son dessein. *La Maison cernée* est un drame tout nu. Il évolue dans des décors dont il renonce à profiter. Et quels décors : l'Egypte, la Palestine, la nuit d'Orient! C'était, certes, le droit de M. Frondaie d'en décider ainsi. Mais sa décision nous laisse tout de même quelques regrets, surtout de la part de l'écrivain qui, dans *Montmartre* et dans l'adaptation de *la Femme et le Pantin*, avait su tirer un parti si heureux du pittoresque extérieur. Alors, M. Frondaie n'aurait-il pas mieux fait de situer ses quatre tableaux dans un cadre neutre — puisque aussi bien il l'entendait le neutraliser — et d'immoler le colonel Ward entre Lille et la Bassée ? Ce drame pourrait servir de leçon de théâtre ou plus exactement d'anatomie théâtrale. M. Frondaie nous a prouvé, en tout cas, qu'il était capable de la donner. »

La beauté des décors si colorés, si évocateurs, de M. Emile Bertin enveloppe, sur la scène, ces quatre actes d'une atmosphère de passion et de langueur ; s'il est vrai — comme l'indique l'éminent critique du *Figaro* — que M. Pierre Frondaie n'a pas, dans

son texte, tiré parti de cette poésie de l'Orient, c'est, à n'en pas douter, par souci de vérité : les Anglais ne sont guère sensibles à l'influence du milieu ; sous tous les ciels ils restent insulaires. Le bon soldat qui, racontant au début du quatrième acte l'entrée des Britanniques à Jérusalem, ne trouve que ce détail : « Ce jour-là, j'ai fait mon thé... comme les autres jours... » est à ce sujet très caractéristique.

M. Edmond Sée enregistre également, dans *l'Œuvre*, le vif succès de cette pièce « fort applaudie et qui trouvera vraisemblablement auprès du gros public un non moins chaleureux accueil. Elle est construite avec soin, avec habileté, elle émeut, souvent, grâce à des moyens simples et irrésistibles, dramatiquement parlant ».

M. Edmond Sée, au sujet de ces situations d'un effet sûr, éprouvé, évoque alors, comme quelques-uns de ses confrères, les titres et les noms de *Patrie* (1) de Victorien Sardou, de *l'Alibi* (2) de Gabriel Trarieux :

« Mais — ajoute-t-il — ce qui appartient en propre à M. Frondaie, c'est l'art de créer une atmosphère de théâtre, de dialoguer presque toujours avec une vigueur directe et communicative, d'ennoblir parfois son dialogue d'une belle image ou d'une émouvante comparaison. »

M. Adolphe Brisson croit que c'est en vue de la situation dramatique du troisième acte que l'auteur a façonné ses personnages et construit toute l'intrigue :

« Construit est le mot qui convient, écrit-il dans *le Temps*. Architecte avisé, M. Frondaie dresse ses plans avec une habileté réfléchie et les exécute ponctuellement, sagement, froidement... M. Frondaie, jeune encore, est plein d'expérience. On a prononcé, à propos de sa nouvelle œuvre, le nom de Sardou ; on pourrait évoquer ceux de tous les dramaturges rompus à leur art. L'auteur de *la Maison cernée* n'est pas loin de posséder la maîtrise complète. Il l'acquerra. Il en prend le chemin. »

M. Robert de Beauplan, dans *la Liberté*, souligne le pathétisme des situations que M. Pierre Frondaie a accumulées dans ces trois actes.

M. Guillot de Saix juge que ce drame est conduit avec une mâle vigueur ; il écrit dans *la France* :

« Le dialogue, solide et serré, s'illustre parfois de beaux développements lyriques et philosophiques, car l'auteur est un poète. »

Dans *Excelsior*, M. Charles Méré qui est lui-même, de nos auteurs jeu-

nes, un des plus fortement et des plus brillamment doués, et de qui les dons dramatiques se manifestent avec tant d'évidence qu'ils finissent par s'imposer aux directeurs en quête de pièces — M. Charles Méré constate le succès de ces quatre actes et conclut :

« M. Pierre Frondaie, jeune vétéran du théâtre, peut ajouter une nouvelle brisque à sa manche. *La Maison cernée* intéressera, passionnera le grand public. »

Enfin M. Antoine, dans *l'Information*, juge aussi que c'est là une bonne pièce, solidement construite. La situation, dit-il, en est de tout repos. Beaucoup l'exploitèrent déjà, mais le pathétique en est certain :

« Nous le vérifiâmes d'autant mieux, l'autre soir, qu'avec son habileté coutumière, M. Frondaie sut entourer cette histoire d'ingénieuses et pittoresques trouvailles. La réussite a donc été très vive et le succès sera durable, car il se fortifie de souvenirs émouvants, après notre long commerce avec les Britanniques, à qui notre reconnaissance demeure acquise pour le rude et magnifique coup de main qu'ils ne nous marchandèrent pas. »

Ce dramatique épisode, si remarquablement dialogué en marge de la chronique de la conquête des Lieux-Saints par les Alliés, emprunte, en effet, un surcroît d'intérêt aux événements qui se déroulent actuellement là-bas et qui ramènent de façon latente notre curiosité vers les rivages lointains de la Palestine.

***

La dédicace inscrite en tête de ces pages indique assez la valeur de l'interprétation de Mme Michella. Son jeu est tout de simplicité, de naturel et de vie, ou plutôt ce n'est pas un jeu, c'est la vie même, la vie simple, constamment renouvelée par l'afflux des sensations et des émotions. Sincère et pure artiste, Mme Michelle s'est, dans ce rôle, donnée jusqu'à l'extrême limite de ses forces. Dès qu'elle les aura récupérées, nous l'applaudirons de nouveau. M. Louis Gauthier n'a sans doute pas la stature que l'on accorde volontiers à tout colonel anglais, mais, excellent artiste toujours, il a été, dans le quatrième acte, vraiment émouvant à force de douleur et de dignité contenues. M. Yonnel a la distinction nerveuse et cet air d'étrangeté qui convenaient parfaitement à Jeff Gordon ; MM. Escoffier et Decœur ont tenu chacun leur personnage en comédiens accomplis, et l'on a apprécié la grâce souple de Mlle Cézanne.

GASTON SORBETS.

(1) Publié par *L'Illustration*, 16 mars 1901.
(2) *Id.*, 9 mai 1908.

COLLECTION de GUERRE

de

" L'ILLUSTRATION "

Il est universellement reconnu que les DIX VOLUMES formant la Collection de *L'ILLUSTRATION* pendant la Guerre constituent le souvenir le plus complet des événements que nous venons de vivre, et la documentation la plus abondante qui ait pu être rassemblée sur des temps sans précédent dans la vie des peuples.

Cette Collection, qui commence avec l'assassinat de l'archiduc Ferdinand à Serajevo, embrasse toute la période des hostilités sur tous les fronts, du 2 août 1914 jusqu'à l'armistice du 11 novembre 1918, l'occupation du Rhin et les délibérations de la Conférence de la Paix (1er semestre de 1919) et se termine avec la signature de la paix à Versailles, les Fêtes de la Victoire du 14 juillet à Paris et les défilés des armées victorieuses à Londres et à Bruxelles (numéro du 2 août 1919). Elle comprend :

6.500 pages de Texte et Gravures,

11.461 ILLUSTRATIONS, DONT 495 EN COULEURS,

786 Portraits, 732 Cartes et Panoramas, etc.

L'ILLUSTRATION vient de faire réimprimer les numéros qui étaient épuisés et dispose actuellement d'un certain nombre de Collections complètes qu'elle peut livrer immédiatement en livraisons. On fera donc bien de s'assurer sans retard ces exemplaires, que l'on fera relier plus tard quand les conditions de rapidité et de prix des relieurs seront redevenues normales. — Dans quelques mois cet incomparable document historique sera classé dans les bibliothèques et deviendra introuvable dans le commerce.

Pour la FRANCE

le prix de la Collection est de

300 francs, payés au comptant,

ou 320 francs, payables en 20 mois.

Dans ce dernier cas, l'acheteur doit joindre un mandat ou un billet de **20 francs** à sa demande. Des quittances de **15 francs** lui seront présentées ensuite par la poste, sans frais pour lui, de mois en mois, jusqu'à complet paiement du prix de **320 francs**. Le port et l'emballage sont gratuits (une Collection pèse 80 kilos).

Pour l'ÉTRANGER

le prix de la Collection est de

330 francs, argent français, payables en chèques ou mandats sur Paris.

L'emballage est gratuit et le port payé par *L'ILLUSTRATION* jusqu'à la frontière. Le parcours effectué à l'Etranger depuis la frontière est à la charge de l'acheteur.

Le Directeur : RENÉ BASCHET.   Imp. de *L'Illustration*, 13, rue Saint-Georges, Paris (9e). — L'Imprimeur-Gérant : A. CHATENET.

Compagnons de vos voyages pendant l'été,

LES GUIDES ILLUSTRÉS MICHELIN

des Champs de Bataille

deviendront pendant l'hiver, les amis de votre maison.

Leur documentation historique et artistique, leur riche illustration que fait valoir un tirage de luxe rendent leur lecture tout à fait attachante.

LEUR PLACE EST MARQUÉE DANS VOTRE BIBLIOTHÈQUE

EN LIBRAIRIE

et chez les Stockistes et Agents de Michelin

En préparation :

L'YSER ET LA COTE BELGE.
LES BATAILLES DE LA SOMME.
LES BATAILLES DE PICARDIE. — ARRAS.
L'ALSACE (2 VOL.) ETC., ETC.